はじめに

わが国のエネルギー資源は乏しく、また人口減少が加速する中で、国際競争力の強化にはイノベーションが欠かせません。その一つが研究開発といえますが、その活動には民間企業の力が不可欠で、特にわが国の企業数の約99.7％を占める中小企業による積極的な取組みが期待されます。国からはこうした取組みを後押しするため、試験研究費に対しては特別措置として、企業の規模にかかわらず「研究開発税制」が講じられていますが、中小企業に対してはよりインセンティブのある「中小企業技術基盤強化税制」を設けています。

研究開発税制においては税額控除の適用が認められていますが、そもそも研究開発税制の存在そのもののイメージが湧かない企業も多く、さらには対象となる試験研究費の範囲の判別が困難なため活用への一歩を踏み出せない企業もあるでしょう。また、税理士試験の中でも、税額控除の額を求めるまでには多くの時間が費やされてしまうため、研究開発税制には苦手意識を持つ実務家も多いかもしれません。

そこで本書では、第１章において「研究開発税制」全般の概要を確認したうえで、第２章では「中小企業技術基盤強化税制」を中心に、研究開発税制の各制度の内容について確認します。そして、第３章においては、研究開発税制の対象となる「試験研究」活動の意義を確認するとともに、第4章ではその試験研究に供される費用、つまり試験研究費の範囲を費目ごとに確認していきます。さらに第５章では、これらを踏まえ８つの事例により中小企業技術基盤強化税制の適用に向けた申告までの流れを確認します。

本書のテーマとしては、中小企業の方々が適用できる中小企業技術基盤強化税制が中心となりますが、試験研究の意義や試験研究費の範囲などは、大法人においても共通して活用できるものとなっております。本書がわずかでも中小企業の皆さまのみならず多くの企業の方々の研究開発への一助となれば幸いです。

最後に、本書の発刊に当たり、校正などに懇切なご配慮をいただいた税務経理協会の中村謙一氏に、この場を借りて厚く御礼申し上げます。

令和４年３月

税理士　田中　康雄

Contents

第２章　研究開発税制の各制度の概要

第３章　試験研究の範囲

第４章　試験研究のために要する費用(試験研究費)の範囲

凡例

法人税法	法法
租税特別措置法	措法
租税特別措置法施行令	措令
租税特別措置法施行規則	措規
法人税基本通達	法基通
租税特別措置法通達	措通
地方税法	地法
地方税法附則	地方附
減価償却資産の耐用年数等に関する省令	耐年令
耐用年数の適用等に関する取扱通達	耐年通
技術研究組合法	組合法

第 1 章

研究開発税制のあらまし

1 中小企業の定義

研究開発税制は、法人等が支出等をする試験研究費の額を計算の基礎として、その一定の額をその事業年度の法人税の額から控除することができる税額控除制度となります。

研究開発税制は、法人の規模にかかわらず適用することができる優遇税制の１つですが、いわゆる中小企業に対してはより手厚い措置が講じられています。

そこで、まずは本書のテーマの前提となる、「中小企業」の範囲について確認することにします。税法上では資本金の額等が１億円以下の法人等を以下の**【図表 1-1】**のように規定しています。

【図表 1-1　中小企業の定義（法人税法と措置法）】

法人税法	中小法人等（法法 57 ⑪）
租税特別措置法	中小企業者等（措法 42 の 4 ④）

1　中小法人等

一般的には中小企業という言葉が広く使われていますが、法人税法上はこれに対応するものとして「中小法人等」という用語を用いています。中小法人等は、以下のとおり定義されます。

(1)　普通法人のうち資本金の額若しくは出資金の額が１億円以下であるもの又は資本若しくは出資を有しないもの

(2)　公益法人等又は協同組合等

(3)　人格のない社団等

2 中小企業者等

法人税法とは別に、租税特別措置法においてもいわゆる中小企業に相当するものとして「中小企業者等」という用語が用いられています。中小企業者等とは、青色申告書を提出するもののうち、以下のものをいいます。

(1) 中小企業者

(2) 農業協同組合等

(※) (2) の農業協同組合等には、農業協同組合、農業協同組合連合会、中小企業等協同組合、出資組合である商工組合及び商工組合連合会、内航海運組合、内航海運組合連合会、出資組合である生活衛生同業組合、漁業協同組合、漁業協同組合連合会、水産加工業協同組合、水産加工業協同組合連合会、森林組合並びに森林組合連合会が含まれます（措法 42 の 4 ⑧九）。

3 中小企業者（措法 42 の 4 ⑧七）

中小企業者等のうち、上記 2 (1)「中小企業者」については、租税特別措置法において、さらに以下のとおり定義されています（措令 27 の 4 ㉑）。

なお、中小企業者に該当するかどうかの判定は、当該事業年度終了の時の現況によることになります（措通 42 の 4 (3)-1）。

(1) 資本金の額又は出資金の額が1億円以下の法人（但し、一定の大規模法人(※1)の所有に属している(※2)法人を除く）

(2) 資本又は出資を有しない法人のうち常時使用する従業員の数が 1,000 人以下の法人

(※ 1)「一定の大規模法人」とは、以下の法人をいいます。

① 資本金の額又は出資金の額が 1 億円を超える法人

② 資本又は出資を有しない法人のうち常時使用する従業員の数が 1,000 人を超える法人

③ 大法人（資本金の額若しくは出資金の額が 5 億円以上の法人等）の 100 %子会社

④ 複数のグループ内の大法人によって完全支配されている法人

(※ 2)「所有に属している」とは、その法人の発行済株式の総数若しくは出資の額の総額の 2 分の 1 以上が同一の大規模法人に保有されていること、又はその法人の発行済株式の総数若しくは出資の額の総額の 3 分の 2 以上を複数の大規模法人に保有

されていることをいいます。

(3) 適用除外事業者(※3)以外の法人

(※3)「適用除外事業者」とは、その事業年度開始の日前3年以内に終了した事業年度の年間所得金額の平均額が15億円を超える法人をいいます。なお、修正申告や更正により年間所得金額の平均額の計算の基礎となった各事業年度の所得金額が変更された場合には、その判定を改めて行う必要があります(措通42の4(3)−1の2)。

このように、中小企業といっても、その株主である法人の資本金の額等とその支配割合などによって、法人税法上の「中小法人等」に該当することがあっても租税特別措置法上の中小企業者には該当しない場合があります。

資本金1億円以下であれば従業員が1,000人を超えても中小企業者に該当

中小企業者に該当するかどうかの判定に当たって従業員数の基準が適用されるのは、あくまでも資本又は出資を有しない法人のみであるため、資本金の額又は出資金の額が1億円以下の法人については、1,000人を超えても、その従業員の数にかかわらず、中小企業者に該当します(措通42の4(3)−2)。

常時使用する従業員とは

常時使用する従業員は、常勤、非常勤その他日々雇い入れるものであるかどうかを問わず、事務所又は事業所に常時就労している職員、工員等をその範囲とし、例えば、製造現場において数か月程度の期間その労務に従事する者を使用する場合であっても、その従事する者は常時使用する従業員に含まれます(措通42の4(3)−3)。

公益法人等の場合の従業員の判定

出資を有しない公益法人等又は人格のない社団等について、常時使用する従業員の数が1,000人以下かどうかの判定をする場合には、税法上の収益事業に従事する従業員の数だけではなく、その全部の従業員の数によって行います(措通42の4(3)−4)。

2 研究開発税制の分類

国税庁のホームページにおいて、研究開発税制は「一般試験研究費の額に係る税額控除制度」、「中小企業技術基盤強化税制」及び「特別試験研究費の額に係る税額控除制度」の3つの制度に分類されています。

このうち「中小企業技術基盤強化税制」は「一般試験研究費の額に係る税額控除制度」の特例措置ともいえるため、どちらもいわゆる「総額型」に区分されることになります。そこで、これらを区分するため本書では研究開発税制を**【図表 1-2】**のとおり分類することとし、以下、本書においてはそれぞれに分類した名称を用いることにします。

【図表 1-2　研究開発税制の分類】

【国税庁ホームページ上の分類	本書における分類	
一般試験研究費の額に係る税額控除制度	総額型	一般型
中小企業技術基盤強化税制		中小企業技術基盤強化税制
特別試験研究費の額に係る税額控除制度	オープンイノベーション型	

3 中小企業者等に対する研究開発税制等の体系

研究開発税制は、大企業、中小企業を問わず適用することができますが、特に中小企業者等に対しては、税額控除割合及び控除上限額ともに有利な措置となっています。また、中小企業者等が研究開発税制を適用した場合には、国税だけではなく地方税においても優遇措置が設けられています。

本書では、地方税における特例措置も含め、中小企業者等が活用できる研究開発税制に係る優遇措置については、**【図表 1-3】**のとおり「中小企業者等に対する研究開発税制等」として分類することにします。

なお、**【図表 1-2】**における「一般型」の適用対象者には制約がないため、中小企業者等であっても「中小企業技術基盤強化税制」に代えて「一般型」を選択適用することができます。但し、中小企業者等にとっては中小企業技術基盤強化税制の選択が明らかに有利であるため、一般型はあくまでも大企業を含む中小企業者等以外の法人が適用する制度として、ここでは区分することにします。

【図表 1-3　中小企業者等に対する研究開発税制等】

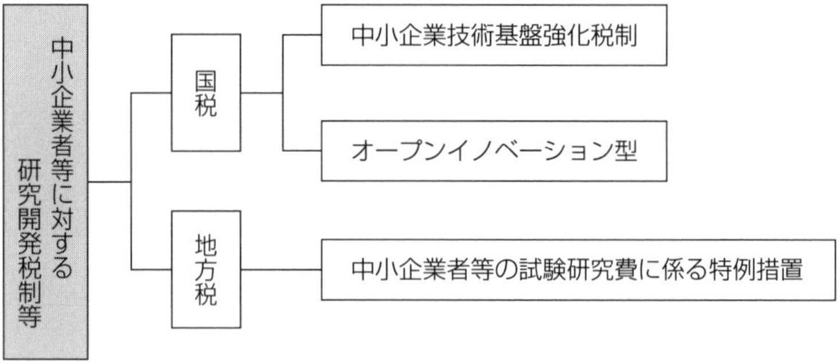

4　税務上の「試験研究費」の概要

研究開発税制は、資源に乏しい我が国の研究投資の多くを負担している民間企業に対する研究活動の推進を図るため、このような試験研究活動を税額控除によって助成する措置となっています。こうした研究開発税制として税額控除の対象となる「試験研究費」（以下、本章において「税務上の試験研究費」といいます）は、租税特別措置法において次のとおり定義付けられています。

> 製品の製造若しくは技術の改良、考案若しくは発明に係る試験研究（新たな知見を得るため若しくは利用可能な知見の新たな応用を考察するために行うものに限る）のために要する費用又は対価を得て提供する新たな役務の開発に係る試験研究として政令で定める試験研究のために要する費用で政令に定めるもの

このように、税務上の試験研究費は、試験研究のために要する費用として２つの費用に区分することができるといえます。そこで、本書では、それぞれ試験研究のために要する費用を**【図表 1-4】**のとおり区分することにします。

【図表 1-4　税務上の試験研究費の区分】

製品の製造又は技術の改良、考案若しくは発明に係る試験研究のために要する費用	⇨	製品の製造等に係る試験研究費
対価を得て提供する新たな役務の開発に係る試験研究のために要する費用	⇨	サービス開発に係る試験研究費

1　製品の製造等に係る試験研究費

「製品の製造等に係る試験研究費」の対象となる試験研究は、事物、機能、現象な

どについて新たな知見を得るため又は利用可能な知見の新たな応用を考察するために行う創造的で体系的な調査、収集、分析その他の活動のうち自然科学に係るものを範囲とし、必ずしも新製品の製造や新技術の改良、考案又は発明に係るものだけに限らず、現に生産中の製品の製造や既存の技術の改良、考案又は発明に係るものも、その対象範囲となります（措通 42 の 4（1)−1)。

これら製品の製造等に係る試験研究費には、次の**【図表 1−5】**に掲げる費用が含まれます（措令 27 の 4 ②、措通 42 の 4（2)−4)。

【図表 1−5　製品の製造等に係る試験研究のために要する費用】

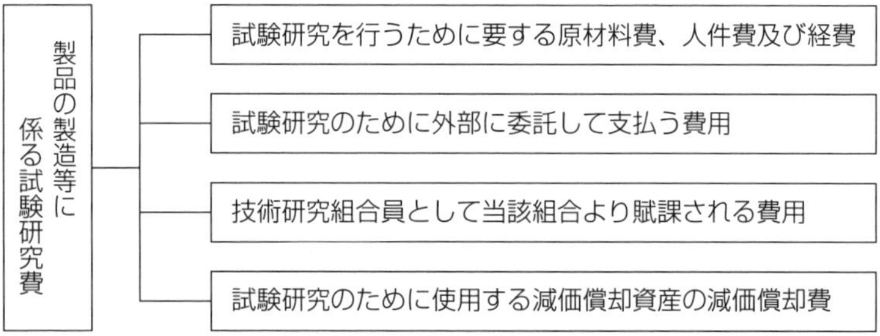

2　サービス開発に係る試験研究費

「サービス開発に係る試験研究費」の対象となる試験研究は、法人がこれまで提供していない新たな役務の開発に係るものが対象で、所定のプロセスを経て行われるものがその範囲となります。たとえ従前に提供しているサービスであっても、新たな内容が付加されている場合や、役務の提供方法がこれまでと比べ新たなものとなる場合には、それは新たな役務に該当することになります。

また、サービス開発は、あくまでも対価を得ることを目的として試験研究を行っていることが要件とされているため、自社の業務効率化等を目的としたサービス開発は、対価を目的としたサービス開発とはいえず、研究開発税制上の対象となるサービス開発には該当しません。

サービス開発に係る試験研究費には、次の**【図表 1−6】**に掲げる費用が含まれます（措令 27 の 4 ④、措通 42 の 4（2)−4)。

【図表 1-6　サービス開発に係る試験研究のために要する費用】

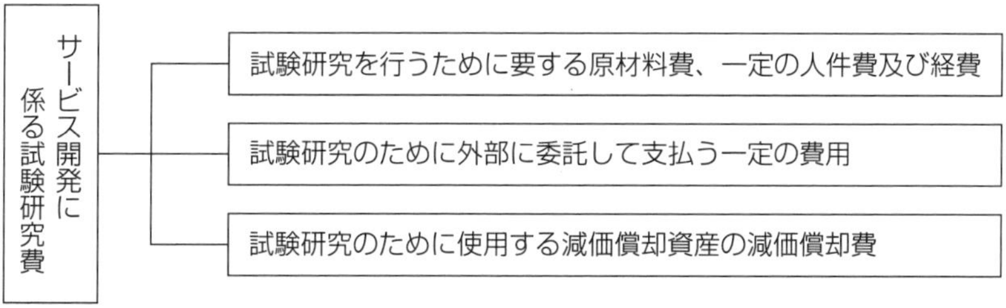

なお、サービス開発に必要なサービス設計のプロセスは、次の**【図表 1-7】**のような流れになります（措令 27 の 4 ③）。

【図表 1-7　サービス設計工程】

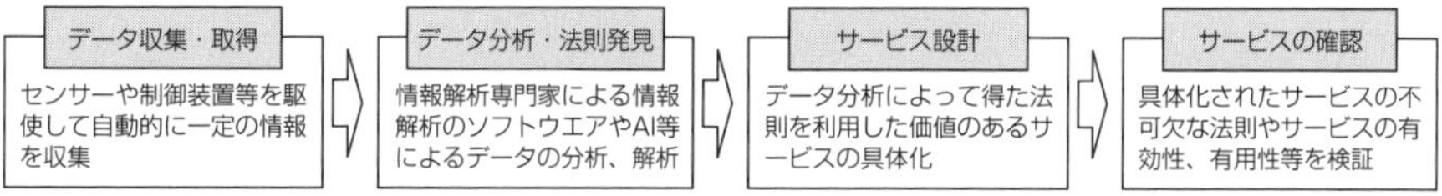

3　特別試験研究費

研究開発税制のうちオープンイノベーション型では、大学や国の研究機関その他他の企業との共同研究や委託研究等の連携に対してインセンティブを与えるため、**【図表 1-8】**に掲げるとおり、試験研究費の中でも特にこれらの者と共同で行う試験研究のために要する費用若しくは委託して行う試験研究のために要する費用、又は中小企業者に支払う知的財産権の使用料については、「特別試験研究費」として区分しています（措法 42 の 4 ⑧十）。

【図表 1-8　オープンイノベーション型の対象となる特別試験研究費】

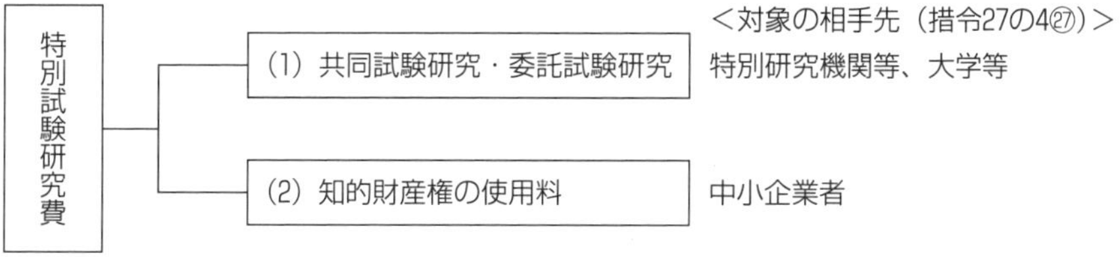

なお、大学や国の研究機関などとともに共同研究を行うために支出した費用や試験研究を委託した場合に支出した費用の全てが特別試験研究費に該当するわけではありません。特別試験研究費に該当するためには、これらとの間で締結した一定の事項が記載された契約又は協定に基づいて試験研究を実施し、またこれらの者から特別試験研究費の額に関する認定又は確認を受ける必要があります。

5 会計上の「研究開発費」と損金経理

研究や開発に係る費用については、税務上のものと会計上のものとで、それぞれ**【図表 1-9】**のように区分されるといえるでしょう。

【図表 1-9　研究・開発のための費用（税務上と会計上）】

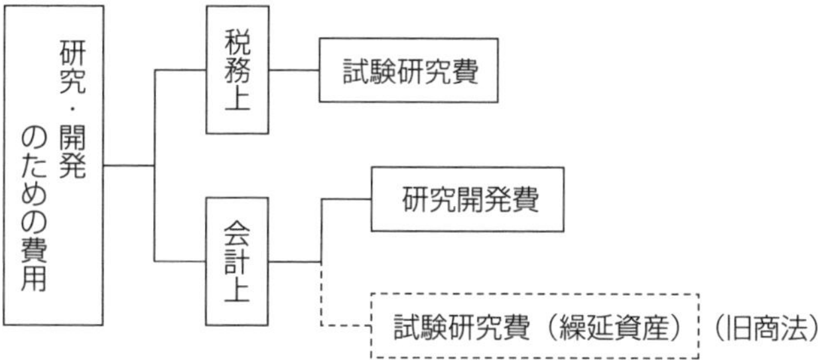

1　旧会計上の試験研究費との相違点

会計上、旧商法では、新製品又は新技術の研究を目的として、これらに対し特別に支出した金額を「試験研究費」として繰延資産に計上することとしていました(旧商法施行規則 37 一)。

これら旧商法において繰延資産として分類された試験研究費は、あくまでも新製品又は新技術への研究等に対する支出に限定されていたため、税務上の試験研究費についても新製品等に対する費用だけが研究開発税制の対象になるとの誤解があったかもしれません。

税務上の試験研究費については、必ずしも新たな製品や技術に対する試験研究に限られたものではなく、既存の製品や技術に対する試験研究のための費用であってもその対象となります。

2　実務指針で示す「研究」・「開発」

「研究開発費及びソフトウェアの会計処理に関する実務指針」（会計制度委員会報告第12号、以下、「実務指針」といいます）においては、研究・開発について次のように定義しています。

・「研究」……新しい知識の発見を目的とした計画的な調査及び探求

・「開発」……新しい製品・サービス・生産方法についての計画若しくは設計又は既存の製品等を著しく改良するための計画若しくは設計として、研究の成果その他の知識を具体化すること

上記のとおり、これらの費用は会計上において「研究開発費」として取扱い、税務上の試験研究費と同じく、必ずしも新たな製品等に対する研究・開発に限定しているわけではありません。

つまり、ここでいう研究・開発とは、あくまでも製品化に至るまでの過程で生じる費用として位置付けることができ、これは税務上の試験研究費の範囲と異なるところではありません。

また、量産体制に入った後の費用については、あくまでも製造費用として原価を構成することになるため、この場合の費用は研究開発費には該当しないことになることも、税務上の試験研究費と同じであるといえるでしょう。

3　税務上の「試験研究費」に対する損金経理

研究開発税制において法人税の額から控除することができる試験研究費は、研究開発費として損金経理されたものが対象となります（措法42の4⑧一ロ）。研究開発税制における損金経理について留意すべき点は次のとおりとなります。

(1) 税務上に反映される損金経理の方法

損金経理とは、法人がその確定した決算において費用又は損失として経理することをいいますが（法法2二十五）、通常、会計上の「研究開発費」に該当する新製品の計画や設計、その他既存製品の著しい改良等のために発生するような費用は原価性がなく一般管理費として費用処理されることが多いかもしれません。ただ、製造

現場において研究開発活動が実施されているような場合には、その活動に係る研究開発費は、製造現場で発生する原価として当期製造費用に算入することも認められています。いずれにしても、会計上において費用処理さえされていれば、税務上は損金経理が実現するといえるでしょう。

このとき、損金経理に当たっては、「研究開発費」の勘定科目の名称をもって経理を行っていない場合であっても、財務諸表の注記においてこれらが研究開発費の総額に含まれていることが明らかな場合には、研究開発費として損金経理されたものとして、研究開発税制においてもこれらは試験研究費に含まれることになります(措通42の4 (1)-3)。

(2) 会計上の処理に対する税務上の調整

会計上の研究開発費については、全てその発生時に費用として処理することになり、例えば、研究開発用の減価償却資産を取得した場合であっても、会計上ではこれを一括で損金経理することになります。

但し、このような処理が強制されるのはあくまでも監査対象法人に限られるため、中小企業者等にはこの処理が必ず求められるわけではありませんが、税務上では、損金経理された研究開発用の減価償却資産に対しては、これを一括で損金算入することは認められないため、会計上と税務上で処理が異なる場合には注意が必要です。

また、研究開発費は会計上の費用に該当するため、その認識基準は発生主義によることになります。つまり、研究開発を外部に委託したような場合には、その内容については検収がなされ、最終的に利用可能となった時点で費用処理することになりますが、それまでは前渡金などによって資産計上しておく必要があります。この点、税務上においてもその取扱いは変わることなく、税務調査などでは契約書等によって契約期間とともに成果物の引渡日の確認などが行われることがあります。そのため、損金経理のタイミングについては十分注意が必要といえます。

第 2 章

研究開発税制の各制度の概要

昭和42年に創設された研究開発税制は、当時の基準年度として設定された事業年度以降の事業年度内に生じた試験研究費の額のうち、その最高額を超える部分を税額控除の対象とする、いわゆる「増加型」が採用されていました。

その後、昭和60年には、中小企業の試験研究活動に対するインセンティブを図るため、中小企業者等が支出する試験研究費の全額を税額控除の対象とする、いわゆる「総額型」による「中小企業技術基盤強化税制」が創設され、平成5年には、外部の技術や知識を活用した研究開発（オープンイノベーション）の促進に資する施策の1つとして、特別試験研究費の額がある場合の税額控除の特例（当時の「特別試験研究促進税制」）が創設されました。

また、平成15年になると、これまで中小企業者等にのみに認められていた総額型は、大法人等に対しても増加型との選択により適用が可能となり、平成27年には、総額型が恒久措置として位置付けられるようになりました。

このように、長い歴史を持つ研究開発税制ですが、近年では、総額型による税額控除を恒久措置とし、これまでの増加型も含め、平均売上金額を基準とした高水準型と呼ばれる上乗せ措置が時限的に整備されるなど、幾度となく制度の改廃が繰り返されてきました。

現在は、**【図表2-1】**のように、国税では3つの制度で構成されています。また、地方税においても中小企業者等に限定し、法人住民税の課税標準額を計算するうえで特例措置が講じられています。

【図表2-1　研究開発税制の分類】

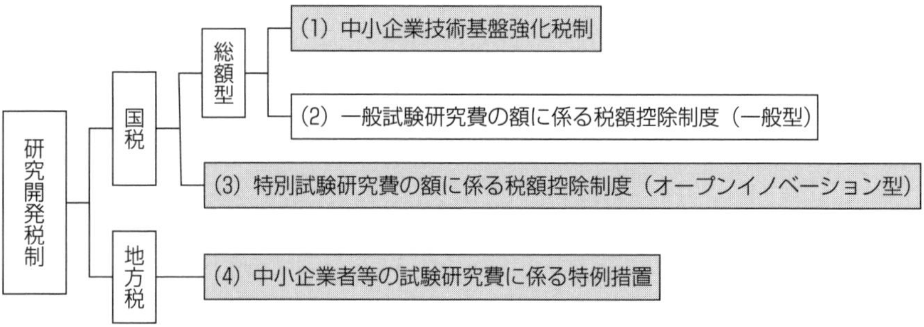

措置法上の当初申告要件

研究開発税制の適用に当たっては、確定申告書等には別表添付が要件となっています。

つまり、別表の添付がない場合には、その事業年度において研究開発税制の適用を受けることができないだけではなく、その後、更正請求書を提出しても新たに研究開発税制の適用を受けることはできません（措法42の4⑩）。

1 中小企業技術基盤強化税制

この章では研究開発税制全般についてその概要を確認していきますが、まずは本書のメインテーマとなる「中小企業技術基盤強化税制」の概要について確認します。この制度は、研究開発税制の中でも中小企業者等に限定した優遇措置といえます。

1 制度の概要

中小企業技術基盤強化税制は、青色申告法人である中小企業者等が、各事業年度において、損金の額に算入される試験研究費の額がある場合、これに一定割合（以下、「税額控除割合」といいます）を乗じた金額を、その事業年度の法人税額から控除することができる制度です（措法42の4④）。青色申告法人であれば、内国法人・外国法人を問わず、また、業種による制限もありません。

中小企業技術基盤強化税制の適用対象は、上記のとおり、中小企業者等に限定され、次の「[2]一般試験研究費の額に係る税額控除制度（一般型）」と比べ特例的な措置が講じられています。法人税の額から控除することができる税額控除限度額（以下、[1]において「中小企業者等税額控除限度額」といいます）は次の算式により計算しますが、これを計算するうえでも、[2]に比べてやや簡便的に算定できるようになっているといえます。

なお、中小企業技術基盤強化税制を選択適用した場合には、[2]を適用することはできません。

中小企業者等税額控除限度額＝試験研究費の額×税額控除割合

中小企業技術基盤強化税制においては、中小企業者等税額控除限度額の計算要素となる税額控除割合は、恒久措置では一律12％となっていますが、時限措置（以下、令和5年3月31日までの間に開始する各事業年度までの措置をいいます）として、増減試験研究費割合に応じて上乗せ措置が講じられています。このときの税額控除割合は17％を上限とし、その範囲は増減試験研究費割合に応じ12％～17％の割合で推移します。さらに、税額控除割合には、同じように時限措置として、試験研究費割合による上乗せ措置も講じられており、増減試験研究費割合による上乗せ措置と併用して適用することができます。但し、この場合にも税額控除割合は17％が上限となります。

また、中小企業者等税額控除限度額には上限額（以下、1において「中小企業者等控除上限額」といいます）が設けられています。中小企業者等控除上限額は、恒久措置として調整前法人税額の25％相当額となっていますが、税額控除割合と同様に、時限措置として、増減試験研究費割合又は試験研究割合に応じて上乗せ措置が講じられています。

なお、解散の日を含む事業年度及び清算中の事業年度は、この制度を適用することはできません。但し、合併による解散については、合併法人により事業活動がそのまま引き継がれるため、その合併の日の属する事業年度（合併事業年度）においても、この制度を適用することができます。

2　税額控除割合

(1) 恒久措置（措法42の4④）

税額控除割合＝一律12％（恒久措置）

(2) 増減試験研究費割合による上乗せ措置

研究開発税制では、時限措置として税額控除割合につき上乗せ措置が講じられています。中小企業技術基盤強化税制においても、次に掲げる増減試験研究割合に応じ、それぞれ次に掲げる算式により計算した割合を税額控除割合とします。

①　増減試験研究費割合　＞　9.4％　の場合（措法42の4⑤一）

設立事業年度、比較試験研究費の額がゼロの事業年度及び下記 **(3)** にも該当する場合の事業年度を除きます。

税額控除割合＝12％＋(増減試験研究費割合－9.4％)×0.35

（※）税額控除割合の上限は17％となります。また、小数点以下3位未満の端数が生じたときはこれを切り捨てます。

②　増減試験研究費割合　≦　9.4％　の場合（措法42の4④、⑤一）

税額控除割合＝一律12％

なお、中小企業者等に対する税額控除割合と増減試験研究費割合との関係は **【図表2-2】** のとおりとなります。増減試験研究費割合が9.4％以下までは、税額控除割合は一律12％（下限）となり、増減試験研究費割合が9.4％を超えるに従い徐々に税額控除割合は増加していきますが、増減試験研究費割合が約23.68％を超えると税額控除割合は一律17％（上限）となります。

【図表2-2　中小企業技術基盤強化税制における税額控除割合と増減試験研究費割合】

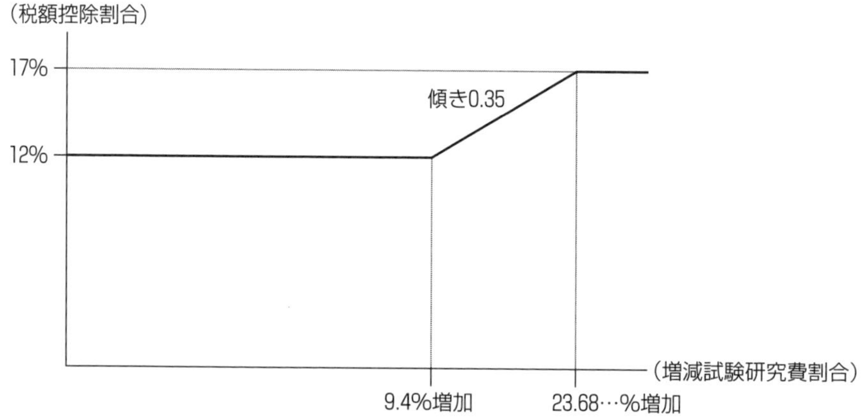

設立事業年度の範囲

設立事業年度とは、設立の日を含む事業年度をいいます。

但し、新設合併や新設分割、新設現物出資に係る合併法人、分割承継法人、現物出資法人のその設立の日を含む事業年度は除きます。

比較試験研究費の額がゼロの場合の事業年度

比較試験研究費の額がゼロの事業年度とは、過去3事業年度において研究開発税制を適用していないため、各事業年度において試験研究費の額を算定していなかった場合等が該当します。

つまり、当事業年度において単発的に試験研究費が発生し、研究開発税制の適用を受ける場合などが考えられます。このような場合には、増減試験研究費割合による上乗せ措置を適用することはできません。

(3) 試験研究費割合による上乗せ措置

中小企業者等のうち、その事業年度における試験研究費割合が10％を超える場合には、次のとおり計算した割合（小数点以下3位未満切捨）を税額控除割合とする控除割増率による上乗せ措置が講じられています（但し、設立事業年度及び比較試験研究費の額がゼロである事業年度のいずれにも該当しない場合で、増減試験研究費割合が9.4％を超える場合を除きます。措法42の4⑤二）。なお、この場合においても、税額控除割合は17％を超えることはできません。

$$\text{税額控除割合} = 12\,\% + 12\,\% \times \underbrace{[\text{試験研究費割合} - 10\,\%] \times 0.5}_{\substack{\text{控除割増率} \\ \text{（上限割合 10 \%）}}}$$

さらに、増減試験研究割合が9.4％を超える場合には、(2)の増減試験研究費割合による上乗せ措置と試験研究割合による上乗せ措置を併用することができます。この場合における税額控除割合は次のとおり計算した割合（小数点以下3位未満切捨）となりますが、これまでと同様に、税額控除割合の上限は17％となります（措法42の4⑤三）。

$$\text{税額控除割合}=\text{②の税額控除割合}+\text{②の税額控除割合}\times\underbrace{\left[\text{試験研究費割合}-10\,\%\right]\times 0.5}_{\substack{\text{控除割増率}\\\text{（上限割合 10 \%）}}}$$

設立事業年度と比較試験研究費の額がゼロの事業年度は対象外

試験研究費割合による上乗せ措置の適用においては、設立事業年度が除かれ、また比較試験研究費の額がゼロの事業年度も除かれています。

つまり、その事業年度が、設立事業年度又は比較試験研究費の額がゼロの事業年度の場合、増減試験研究費割合による上乗せ措置だけではなく試験研究費割合による上乗せ措置も適用することができず、税額控除割合は恒久措置のみの 12 %となります。

高水準型の上乗せ措置は平成 31 年 3 月 31 日をもって廃止

税額控除割合の上乗せ措置については、これまで試験研究費の額が平均売上金額（その事業年度と過去 3 年の事業年度における売上金額の平均額）の 10 %を超える場合、一定の割合を税額控除割合に上乗せできる、いわゆる「高水準型」による上乗せ措置が講じられていましたが、平成 31 年度（令和元年度）税制改正において廃止されています。

3　中小企業者等控除上限額

中小企業技術基盤強化税制において法人税の額から控除できる税額には、上限が設けられています。但し、中小企業者等控除上限額においても、税額控除割合と同様に上乗せ措置が講じられており、上乗せ措置は令和 5 年 3 月 31 日までの間に開始する事業年度の時限措置となります。

中小企業者等控除上限額は、上乗せ措置が適用できれば、**【図表 2-3】**のとおり、オープンイノベーション型を含め、最大で調整前法人税額の 50 %相当額となります。

【図表 2-3　中小企業者等控除上限額の時限措置】

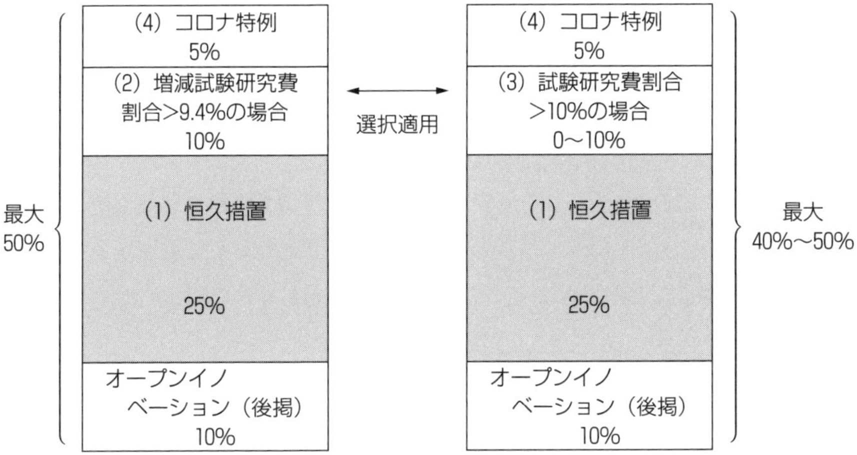

(1) 恒久措置（措法 42 の 4 ④）

中小企業者等控除上限額＝調整前法人税額×25％（恒久措置）

(2) 増減試験研究費割合による上乗せ措置

中小企業技術基盤強化税制では、増減試験研究費割合が9.4％を超える場合、その中小企業者等控除上限額は、(1) の恒久措置の割合に一律10％を加算することができます（措法 42 の 4 ⑥一）。

中小企業者等控除上限額＝調整前法人税額×35％

なお、増減試験研究費割合による上乗せ措置は、中小企業者等に限定された優遇措置となっており、下記 (3) 試験研究費割合による上乗せ措置との選択となります。

増減試験研究費割合が 9.4％超の中小企業者等への上乗せ措置

中小企業者等控除上限額の増減試験研究費割合による上乗せ措置は中小企業者等

に限定された優遇措置といえます。つまり、増減試験研究費割合が9.4％超の中小企業者等は、税額控除割合とともに中小企業者等控除上限額の上乗せ措置も同時に適用することができることになります。

(3) 試験研究費割合による上乗せ措置

上記 (2) との選択により、試験研究割合が10％を超える場合には、次の算式のとおり最大10％を上限に恒久措置の割合に特例加算割合（小数点以下3位未満切捨）を上乗せすることができます（措法42の4⑥二）。

$$\text{中小企業者等控除上限額} = \text{調整前法人税額} \times 25\% + \text{調整前法人税額} \times \underbrace{\left[\text{試験研究費割合} - 10\%\right] \times 2}_{\text{特例加算割合（上限割合10\%）}}$$

設立事業年度と比較試験研究費の額がゼロの事業年度は対象外

2のとおり、各税額控除割合の上乗せ措置においては、設立事業年度や比較試験研究費の額がゼロである事業年度は適用できません。これらと同様に、中小企業者等控除上限額についても設立事業年度や比較試験研究費の額がゼロの事業年度は上乗せ措置を適用することはできません（措法42の4⑥一、二）。

(4) コロナの影響による特例加算

研究開発税制では、さらに時限措置として、新型コロナウイルス感染症の影響を受けたことで、令和2年2月1日前に最後に終了した事業年度の売上金額と比較して2％以上減少しているにもかかわらず試験研究費の額が増加した場合には、中小企業者等控除上限額について、さらに調整前法人税額の5％相当額を加算することができます（措法42の4⑥三、⑧六の二）。上記 (2) と (3) による上乗せ措置は併用することはできませんが、この特例による上乗せ措置は (2) 又は (3) と併用することができます。

4　用語の意義

これまでのとおり、税額控除割合や中小企業者等控除上限額に対し上乗せ措置を適用する場合の要件として、一定の増減試験研究割合や試験研究費割合をクリアする必要があります。そのため、その適用に当たってはそれぞれの割合の意義を確認しておくことが重要といえます。

ここでは、中小企業技術基盤強化税制に限らず、研究開発税制において上乗せ措置を適用するうえで、その割合に係る計算要素も含めたそれぞれの意義を確認します。

(1) 増減試験研究費割合

中小企業技術基盤強化税制における上乗せ措置を適用するうえで検討すべき割合の1つとなる「増減試験研究費割合」とは、この制度を適用する事業年度（以下、4では「適用年度」といいます）における試験研究費の額から比較試験研究費の額を差し引いた金額の、その比較試験研究費の額に対する割合をいいます（措法42の4⑧三）。

具体的には、次の算式により計算した割合となります。

＜増減試験研究費割合の計算＞

$$\text{増減試験研究費割合}=\frac{\text{適用年度の試験研究費の額}-\text{比較試験研究費の額}}{\text{比較試験研究費の額}}$$

(2) 比較試験研究費の額

増減試験研究費割合の計算要素である「比較試験研究費の額」とは、適用年度開始の日前3年以内に開始した各事業年度（以下、4では「比較年度」といいます）の試験研究費の額の合計を、これらの事業年度の数で除して計算した金額をいいます。

なお、比較年度のうちその月数が適用年度の月数と異なる年度がある場合には、その異なる年度における試験研究費の額は、その試験研究費の額に適用年度の月数を乗じ、これをその異なる事業年度の月数で除して計算した金額（別表上では、これを「改定試験研究費の額」と表記しています）となります（措法42の4⑧五)。

試験研究費は継続して同じ基準で比較

適用年度の試験研究費と比較年度の試験研究費の範囲は、継続して同一の基準で抽出された費用で比較する必要があります。また、共通経費の配賦基準等についても、継続して同一の方法によることとなるため、それぞれ注意が必要です（措通42の4（2)-2)。

税制改正があった場合

試験研究費に含まれる費用の範囲が改正された場合には、比較年度の試験研究費の額を計算する際は、その改正後の規定により計算し直すこととなるため、同じく注意が必要です（措通42の4（2)-6)。

(3) 調整前法人税額

控除上限額の計算の基礎となる「調整前法人税額」とは、次に掲げる租税特別措置法に定める各種特別税額控除制度等や、法人税法に定める各種税額控除等を適用しないで計算した法人税の額（附帯税を除きます）となります（措法42の4⑧二)。つまり、普通法人にとっては別表一の「2」欄の金額が調整前法人税額となります。

- ▶ 研究開発税制に係る法人税額の特別控除（措法42の4)
- ▶ 中小企業投資促進税制に係る法人税額の特別控除（措法42の6②、③)
- ▶ 沖縄特区において工業用機械を取得した場合の法人税額の特別控除（措法42の9①②)
- ▶ 国家戦略特区において機械等を取得した場合の法人税額の特別控除（措法42の10②)
- ▶ 国家戦略総合特区において機械等を取得した場合の法人税額の特別控除（措法42の11②)
- ▶ 地域未来投資促進税制に係る法人税の特別控除（措法42の11の2②)
- ▶ 地方拠点強化税制（オフィス減税）に係る法人税額の特別控除（措法42の11の3②)

- 地方拠点強化税制（雇用促進税制）に係る法人税額の特別控除（措法42の12）
- 地方創生応援税制（企業版ふるさと納税）に係る法人税額の特別控除（措法42の12の2）
- 中小企業経営強化税制に係る法人税額の特別控除（措法42の12の4②③）
- 人材確保等促進税制及び中小企業者等における所得拡大促進税制に係る法人性の特別控除（措法42の12の5）
- 5G導入促進税制（措法42の12の6②）
- DX（デジタルトランスフォーメーション）投資促進税制に係る法人税の特別控除（措法42の12の7④、⑤）
- CN（カーボンニュートラル）投資促進税制に係る法人税の特別控除（措法42の12の7⑥）
- 使途秘匿金の支出がある場合の課税の特例（措法62①）
- 土地の譲渡等がある場合の特別税率（措法62の3①⑨、63①）
- 特定同族会社の特別税率（法法67）
- 所得税額の控除（法法68）
- 外国税額の控除（法法69）
- 分配時調整外国税相当額の控除（法法69の2）
- 仮装経理に基づく過大申告の場合の更正に伴う法人税額の控除（法法70）
- 税額控除の順序（法法70の2）
- 外国法人に係る所得税額の控除（法法144）
- 外国法人に係る外国税額の控除（法法144の2）
- 外国法人に係る分配時調整外国税相当額の控除（法法144の2の2）
- 税額控除の順序（法法144の2の3）

(4) 試験研究費割合

中小企業技術基盤強化税制における上乗せ措置を適用するうえでその適用の判断となるもう1つの割合である「試験研究費割合」とは、適用年度の試験研究費の額に対する適用年度とその開始の日前3年以内に開始した各事業年度の売上金額の平均額（以下、「平均売上金額」といいます）の占める割合をいいます（措法42の4⑧六、十一）。

具体的には、次の算式により計算した割合となります。

＜試験研究費割合の計算＞

$$\text{試験研究費割合} = \frac{\text{適用年度の試験研究費の額}}{\text{平均売上金額}}$$

平均売上金額の「売上」の範囲

平均売上金額を計算する場合の「売上」の金額は、棚卸資産の販売その他事業として継続して行われる資産の譲渡や貸付け、役務の提供に係る収益の額として所得の金額の計算上益金の額に算入される金額がその範囲となります。なお、営業外収益に計上されるものは、その範囲からは除かれます（措令27の4⑬）。

2 一般試験研究費の額に係る税額控除制度（一般型）

次に、総額型のうち、法人の規模にかかわらず適用できる「一般試験研究費の額に係る税額控除制度」の概要について確認します。

この制度は、中小企業者等も当然に適用することができますが、1中小企業技術基盤強化税制は中小企業者等に限定した特例的な優遇税制といえるため、あえて1と区分するならば、一般試験研究費の額に係る税額控除制度（以下、「一般型」といいます）は、1を適用できない中小企業者等以外の法人が適用する制度としての位置付けになるといえるでしょう。

1 制度の概要

一般型は、青色申告法人が各事業年度において、損金の額に算入される試験研究費の額がある場合、その試験研究費の額に一定割合を乗じた金額を、その事業年度の法人税の額から控除することができる制度です（措法42の4①）。1と同様に、青色申告法人であれば、内国法人・外国法人を問わず、また、業種による制限もありません。但し、これを適用しようとする一定の大法人のうち、賃上げや設備投資を積極的に行わないと認められる法人（中小企業者等を除きます）は、この制度を適用することはできません（措法42の13⑥）。

一般型において、法人税の額から控除することができる税額控除限度額は、次の算式により計算しますが、その計算要素となる税額控除割合は、時限措置として、増減試験研究費割合に応じて変動します（措法42の4①一、二）。

税額控除限度額＝試験研究費の額×税額控除割合

また、税額控除限度額には上限額（以下、「控除上限額」といいます）が設けられています。控除上限額は、恒久措置として調整前法人税額の25％相当額となっているのは[1]における中小企業者等控除上限額の場合と同じですが、一般型の控除上限額についても、時限措置として試験研究費割合に応じて上乗せ措置が講じられています。

投資等に消極的な大企業は適用除外

その事業年度の所得が前事業年度の所得に比べ増加している大法人のうち、次に掲げる要件のいずれにも該当しないときは、研究開発税制を含め一定の税額控除制度を適用することができません。つまり、その事業年度の所得が前事業年度の所得に比べ減少しているか、あるいは増加していても次の要件のいずれか一方の要件を満たしてさえいれば、適用除外の措置を受けることはないことになります（措法42の13⑥）。

＜要件＞

・　継続雇用者給与等支給額　＞　継続雇用者比較給与等支給額

・　当期の国内設備等投資額　＞　当期減価償却費×30％

＜適用が除外となる一定の税額控除制度＞

・　研究開発税制

・　地域未来投資促進税制（措法42の11の2）

・　5G導入促進税制（措法42の12の6）

・　DX（デジタルトランスフォーメーション）投資促進税制（措法42の12の7④、⑤）

・　CN（カーボンニュートラル）投資促進税制（措法42の12の7⑥）

2　税額控除割合

(1) 恒久措置（措法42の4①一）

税額控除割合＝10.145％＋（9.4％－増減試験研究費割合）×0.175

（※）税額控除割合が2％未満となるときは、一律2％となります。また、小数点以下３位未満の端数が生じたときはこれを切り捨てます。

設立事業年度や過去に試験研究費の支出がない場合の税額控除割合

当該事業年度が設立事業年度である場合又は前３年以内の試験研究費の額がゼロの場合の税額控除割合は、一律8.5％となります（措法42の４①二）

税額控除割合＝一律8.5％

(2) 増減試験研究費割合による上乗せ措置

一般型においても、1中小企業技術基盤強化税制と同様に、税額控除割合については、増減試験研究費割合による上乗せ措置が講じられています。

増減試験研究費割合に応じた一般型における税額控除割合は、次に掲げる場合の区分に応じ、それぞれ次の算式により計算した割合となります。

一般型では、増減試験研究費割合が9.4％以下の場合には恒久措置が適用され、設立事業年度や過去３年以内に試験研究費の支出がない場合には上乗せ措置の適用はありません。

①　増減試験研究費割合　＞　9.4％　の場合（措法42の４②一イ）

税額控除割合＝10.145％＋（増減試験研究費割合－9.4％）×0.35

（※）税額控除割合の上限は14％となります。また、小数点以下３位未満の端数が生じたときはこれを切り捨てます。

②　増減試験研究費割合　≦　9.4％　の場合（措法42の４②一ロ）

税額控除割合＝10.145％＋（9.4％－増減試験研究費割合）×0.175

（※）税額控除割合が２％未満となるときは、一律２％となります。また、小数点以下３位未満の端数が生じたときはこれを切り捨てます。

③　当該事業年度が設立事業年度である場合又は前3年以内の試験研究費の額がゼロの場合（措法42の4②一ハ）

税額控除割合＝一律8.5％（上乗せ措置なし）

この場合における、税額控除割合と増減試験研究費割合との関係を表してみると**【図表2-4】**のとおりとなります。

前述したとおり、一般型は[1]中小企業技術基盤強化税制と比べ、上記算式のとおり税額控除割合の算定はやや複雑で、これが反映されて**【図表2-4】**のとおり、その傾きも一定ではありません。

【図表2-4　一般型における税額控除割合と増減試験研究費割合】

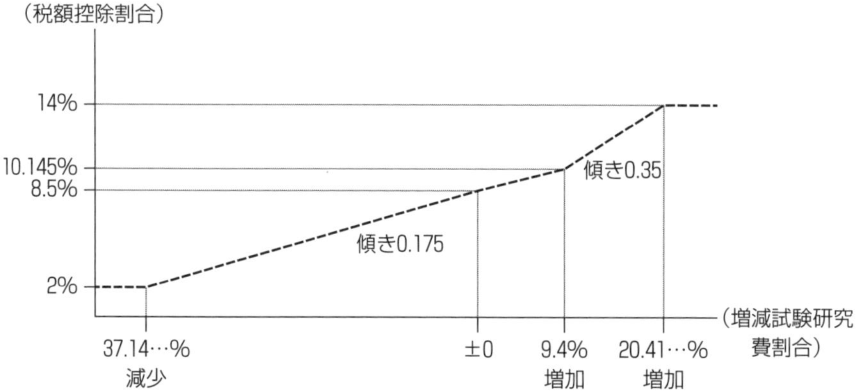

(3) 試験研究費割合による上乗せ措置

その事業年度における試験研究費割合が10％を超える場合には、**(2)**の税額控除割合に加え控除割増率を加味した上乗せ措置が講じられています。この場合の税額控除割合は次のとおり計算した割合（小数点以下3位未満切捨）となりますが、その割合は14％を上限とします（措法42の4②二）。

$$\text{税額控除割合}=\text{②の税額控除割合}+\text{②の税額控除割合}\times\underbrace{\left[\text{試験研究費割合}-10\%\right]\times 0.5}_{\text{控除割増率（上限割合 10\%）}}$$

3　控除上限額

一般型においても法人税の額から控除できる金額には上限が設けられており、また、一定の場合には、特例も含めてそれぞれ上乗せ措置が講じられています。

(1) 恒久措置

$$\text{控除上限額}=\text{調整前法人税額}\times 25\%\ \text{（恒久措置）}$$

(2) ベンチャー企業に対する特例

設立 10 年以内のいわゆるベンチャー企業のうち、欠損金の翌期繰越額がある法人に対しては、上記 (1) の恒久措置による割合に 15 %を加算した 40 %相当額が控除上限額となります（措法 42 の 4 ③一）。

(3) 試験研究費割合による上乗せ措置

一般型では、試験研究割合が 10 %を超える場合、次の算式のとおり、恒久措置による割合に加え特例加算割合（小数点以下 3 位未満切捨）を上乗せすることができます。このとき、特例加算割合は最大 10 %が上限となります（措法 42 の 4 ③二）。

$$\text{控除上限額}=\text{調整前法人税額}\times 25\%+\text{調整前法人税額}\times\underbrace{\left[\text{試験研究費割合}-10\%\right]\times 2}_{\text{特例加算割合（上限割合 10\%）}}$$

(4) コロナの影響による特例加算

研究開発税制では、時限措置として、新型コロナウイルス感染症の影響を受け、令和2年2月1日前に最後に終了した事業年度の売上金額と比較して2％以上減少しているにもかかわらず試験研究費が増加した場合には、控除上限額は、さらに調整前法人税額の5％相当額を加算することができます（措法42の4③三）。

4 中小企業技術基盤強化税制との比較

【図表2-5】のとおり、[1]中小企業技術基盤強化税制における税額控除割合と増減試験研究費割合との関係をあらわした**【図表2-2】**と、[2]一般型のものになる**【図表2-4】**とを重ね合わせてみると、税額控除割合は、増減試験研究費割合にかかわらず、どの値でも必ず中小企業技術基盤強化税制が有利な割合になっていることが分かります。

つまり、その法人が中小企業者等に該当する場合には、[1]中小企業技術基盤強化税制を選択適用することにより、研究開発税制の優遇措置の恩恵をより享受することができるといえるでしょう。

【図表2-5 中小企業技術基盤強化税制と一般型との税額控除割合の比較】

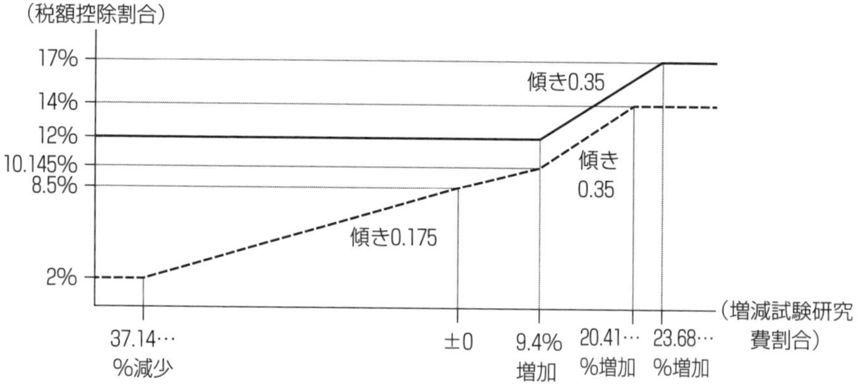

3 特別試験研究費の額に係る税額控除制度

研究開発税制における試験研究費のうちには、自社内のものだけではなく、試験研究のための共同研究や外部委託に要する費用が発生することも少なくありません。

例えば、大学や国の研究機関、その他企業等との共同研究及び委託研究等の連携に係る支出ついてはインセンティブを与えることとしており、これらに対する費用は特別試験研究費としてここまでの[1]や[2]とは別枠で税額控除を受けることができます。

[3]では、このような「特別試験研究費の額に係る税額控除制度」（以下、「オープンイノベーション型」といいます）について確認します。

1 制度の概要

オープンイノベーション型は、法人の規模にかかわらず、青色申告法人が各事業年度において、損金の額に算入される特別試験研究費の額がある場合、共同試験研究や委託試験研究等の相手先の別に従い、その特別試験研究費の額に、次の算式のとおり一定割合を乗じた金額を控除することができる制度です（措法42の4⑦）。

税額控除限度額＝特別試験研究費の額×税額控除割合

特別試験研究費としてオープンイノベーション型による税額控除を受けた試験研究費の額は、[1]中小企業技術基盤強化税制や、[2]一般型による試験研究費の額の対象とはなりません。逆に、特別試験研究費の額のうちオープンイノベーション型の対象としなかった部分は、[1]又は[2]による試験研究費の額の対象とすることができます（措法42の4⑦）。

また、税額控除限度額にはこれまでと同様に控除上限額が設けられています。ただ、オープンイノベーション型では時限措置等による上乗せ措置等はなく、一律で、調整前法人税額の 10 ％相当額が上限となります。

2　税額控除割合

オープンイノベーション型における税額控除割合は、**【図表 2-6】**のとおり、支出する特別試験研究費の相手先に応じ、それぞれ定める割合となります（措法 42 の 4 ⑦、措令 27 の 4 ㉗）。

【図表 2-6　オープンイノベーション型の税額控除割合】

	〈支出する相手先〉	〈税額控除割合〉
共同試験研究・委託試験研究	特別試験研究機関等 （国の試験研究機関、大学、その他これらに準ずる者）	30%
共同試験研究・委託試験研究	特別研究機関等 （国立研究開発法人、新事業開拓事業者等、成果活用促進事業者等）	25%
共同試験研究・委託試験研究	その他 （特定中小企業者等、技術研究組合、民間企業等の他の者）	20%
知的財産権	特定中小企業者等 （中小事業者、中小企業者に限る）	20%

3　控除上限額

オープンイノベーション型における控除上限額は、一律、調整前法人税額の 10 ％相当額となります（恒久措置）。

控除上限額＝調整前法人税額×10 ％（恒久措置）

4 特別試験研究費の意義

特別試験研究費の額とは、上記**【図表 2-6】**の支出の相手方にある国の試験研究機関、大学その他の者と共同して行う試験研究又は国の試験研究機関、大学その他の者に委託する試験研究、その他中小企業者からその有する知的財産権の設定又は許諾を受けて行う試験研究等に係る試験研究費の額をいいます（措法42の4⑧十）。

なお、特別試験研究費の対象となるその金額の範囲は、**【図表 2-7】**のとおり、次の試験研究の区分に応じそれぞれ定める部分となります（措令27の4㉘）。

【図表 2-7 特別試験研究費の額の範囲（医薬品関係を除く）】

試験研究の区分	特別試験研究費の範囲
共同試験研究	自社外試験研究費（※1）＋自社内試験研究費（※2）
委託試験研究	自社外試験研究費（※1）
技術研究組合員が行う協同試験研究	技術研究組合法9条1項の規定により賦課される費用（賦課金）
知的財産使用	知的財産基本法2条2項で定める特許権、実用新案権、商標権等の使用料

（※1）自社外試験研究費
　契約又は協定に基づいて、相手先が支出した試験研究に係る試験研究費のうち、自社が負担する部分
（※2）自社内試験研究費
　契約又は協定に基づいて、自社が自らの負担で支出した部分

共同試験研究や委託試験研究で自社が負担する部分

特別試験研究費として自社が負担する部分は、相手先に支払った額そのものではなく、相手先との契約や協定に基づいて、相手先が共同試験研究や委託試験研究のために負担した試験研究費の額となります。

税額控除の対象となる特別試験研究費

特別試験研究費の額に対し税額控除を受けるためには、自社外、自社内試験研究費ともに、相手先との契約や協定に基づいて、特別試験研究費として認定された金額であること、又は監査によりその支出額を客観的に判断できるものであることを要し、これらの書類等の写しを確定申告書等に添付して申告する必要があります

（措規20㊲、㊳）。

4 中小企業者等の試験研究費に係る特例措置

道府県民税や市町村民税の法人税割は、原則として、各種税額控除適用前の法人税額を課税標準とします（地法 23 ①、292 ①）。

但し、中小企業者等に対しては、次の税額控除制度の適用があった場合には、これらの税額控除制度を適用した後の法人税額を課税標準とする特例措置を講じています（地方附 8）。

・　研究開発税制
・　地域未来投資促進税制
・　地方拠点強化税制（オフィス減税、雇用促進税制）
・　中小企業者等における所得拡大促進税制
・　5G 導入促進税制
・　DX（デジタルトランスフォーメーション）投資促進税制
・　CN（カーボンニュートラル）投資促進税制

つまり、中小企業者等が試験研究を行う場合、法人住民税（法人割）の額を計算するに当たっては、試験研究費に係る税額控除後の法人税額を課税標準額とするため、地方税においても、間接的に研究開発税制による税額控除の恩恵を受けていることになります。

5 グループ通算制度と研究開発税制

連結納税制度の見直しにより、令和４年４月１日以後に開始する事業年度からは「グループ通算制度」に移行することになりました。

グループ通算制度とは、完全支配関係にある企業グループ内の各法人を納税単位として、各法人が個別に法人税額の計算と申告を行い、その中で、損益通算等の調整を行う制度となります。なお、この制度では、事後的に修正事項や更正事由が生じた場合であっても、原則として他の法人の税額計算には影響させない（遮断する）仕組みとなっています。

1 通算法人における研究開発税制の適用

グループ通算制度適用法人については、[1]中小企業技術基盤強化税制、[2]一般型そして[3]オープンイノベーション型の各制度において、グループ調整計算に関する規定が設けられています。

つまり、グループ通算制度では、その通算法人自体に研究開発税制における試験研究費の額や特別試験研究費の額がない場合であっても、その通算法人との間に通算完全支配関係がある他の通算法人（以下、「他の通算法人」といいます）において損金の額に算入する試験研究費の額があるときは、その通算法人においても試験研究費の額があるものとして研究開発税制を適用することができます。

通算法人が研究開発税制の適用を受ける場合には、次の算式により計算した税額控除可能分配額を税額控除限度額として、その通算法人の各事業年度の税額控除額を計算します。

なお、「税額控除限度額」とは、通算グループを一体として計算した税額控除限度額と控除上限額とのうちいずれか少ない金額をいいます。

$$\text{税額控除可能分配額}=\text{税額控除可能額}\times\frac{\text{通算法人の調整前法人税額}}{\text{各通算法人の調整前法人税額の合計額}}$$

2　修正等が生じた場合

通算法人又は他の通算法人において後発的に修正事項又は更正事由（以下、「修更正事由」といいます）が生じた場合には、次の調整が行われます。

(1) 他の通算法人に修更正事由が生じた場合

通算グループ内の他の通算法人に修更正事由が生じた場合には、他の通算法人の試験研究費の額と調整前法人税額は当初申告額に固定され、その通算法人への影響が遮断されることになります。

(2) 通算法人に修更正事由が生じた場合

① 通算法人の税額控除可能額が当初申告額を超えることとなったときでも、税額控除可能分配額は当初申告額に固定されます。

② 通算法人の税額控除可能額が当初申告未満となったときは、当初申告税額控除可能額からその税額控除可能額を減算した金額（以下、「税額控除超過額」といいます）を当初申告税額控除可能分配額から控除した金額が、その事業年度の税額控除可能分配額とみなされます。なお、これにより控除されなかった税額控除超過額は、法人税の額に加算されます。

第 3 章

試験研究の範囲

研究開発税制の適用対象となる試験研究費とは、試験研究のために要する費用をいいます。しかし、研究開発税制における試験研究とはどのような活動をいうのか、また、支出した部分のどこまでが試験研究費の範囲となるのか、研究開発税制を適用するうえではこれらを捉えることは非常に難しいといえます。

そこで、本章では、まず、研究開発税制の適用の対象となる「試験研究」の範囲を具体的に確認することにします。

研究開発税制における試験研究については、第１章でも確認しましたが、**【図表3-1】**のとおり、試験研究はこれに要する費用の種類に応じて２つに区分されます。

【図表3-1　研究開発税制の対象となる試験研究】

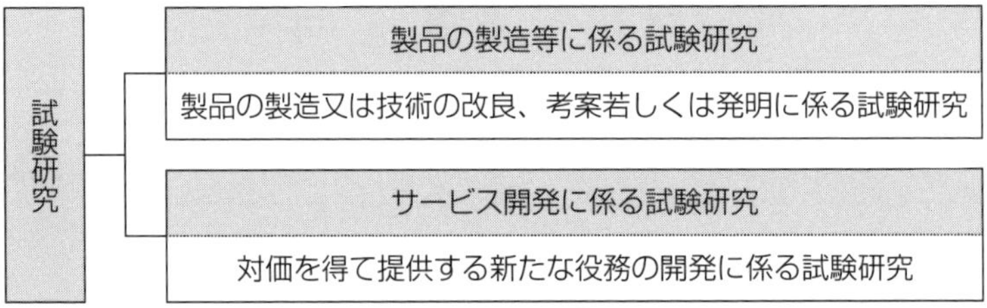

1 製品の製造等に係る試験研究

【図表3-1】のとおり、研究開発税制上の試験研究は、製品の製造又は技術の改良、考案若しくは発明に係る試験研究（以下「製品の製造等に係る試験研究」といいます）と、対価を得て提供する新たな役務の開発に係る試験研究（以下「サービス開発に係る試験研究」といいます）の2つに区分されます。

1 製品の製造等に係る試験研究の意義

まずは、製品の製造等に係る試験研究（措法42の4⑧一イ（1））について確認しますが、これらは、租税特別措置法関係通達（法人税編）関係において、次のとおり定義付けられています（措通42の4（1)-1)。

> **42の4（1)-1（試験研究の意義）**
>
> 措置法第42条の4第8項第1号イ（1）に規定する試験研究とは、事物、機能、現象などについて新たな知見を得るため又は利用可能な知見の新たな応用を考察するために行う創造的で体系的な調査、収集、分析その他の活動のうち自然科学に係るものをいい、新製品の製造又は新技術の改良、考案若しくは発明に係るものに限らず、現に生産中の製品の製造又は既存の技術の改良、考案若しくは発明に係るものも含まれる。
>
> （下線は筆者による）

2 製品の製造等に係る試験研究の対象

下線部分のとおり、研究開発税制における試験研究の中でも、製品の製造等に係る試験研究の範囲は「自然科学に係るもの」に限定されています。つまり、自然科学と対義になる人文・社会科学に係る試験研究は研究開発税制における試験研究からは除外されることになります。

それでは、自然科学とはどのような範囲になるのか。一般的に自然科学とは、主に自然現象の法則の探求や発見に関わる学問をいい、物理学や天文学、化学、生物学、地学のほか工学、農学、医学などもその範囲に含まれるものと考えられます。つまり、法学や経済学、哲学などといった社会現象や人間の精神作用を科学的に探究する人文・社会科学とは区分されます。

これまでも、国税庁から公表されていた『Q&A 研究開発減税・設備投資減税について（法人税）（平成15年10月）』（以下「国税庁Q&A」といいます）では、「試験研究は、工学的・自然科学的な基礎研究、応用研究及び開発・工業化等を意味するもの」としており、また「『製品の製造』又は『技術の改良、考案若しくは発明』に当たらない人文・社会科学関係の研究は対象とはなりません」と示しています。

研究開発税制上の試験研究の範囲となる「自然科学」については、例えば、第5章の各事例のうち、1事例1の長期冷凍保存技術の開発は「食品工学（食品化学）」、2事例2の摩擦等に関するトライボロジーの研究開発は「機械工学」、3事例3の塗膜品質の研究は「応用化学」などといったように、比較的幅広く捉えることができるといえるでしょう。

研究開発の5つの判断基準の例示

OECDが策定した試験研究やイノベーションに関するデータの収集・報告のための国際マニュアルとなる「フラスカティ・マニュアル」では、研究開発は以下の5つの判断基準が全て、少なくとも原則として満たされるべきであるとしています。

① 新規性（新たな発見を目指していること）

② 創造性（自明ではなく、独自の概念や仮説に基づいていること）

③ 不確実性（最終的な結果が不確実であること）

④ 体系性（計画的に行われていること）

⑤ 移転可能性（再現可能になり得る結果を導くこと）

これらの判断基準からすれば、既に量産体制に入り製品を製造する行為は、新規性（①）や創造性（②）がないため研究開発には該当しません。また、陶芸家が唯一無二の作品を生み出す活動は、創造性（②）はあるものの移転可能性（⑤）がなく、研究開発には該当しないことになります。

3 製品の製造等に係る試験研究に含まれないもの

製品の製造等に係る試験研究については、自然科学に係るものに限定されていることはこれまでのとおりですが、これを含め、租税特別措置法関係通達（法人税編）関係では、次のような活動については製品の製造等に係る試験研究に含まれないことが例示されています（措通42の4（1)-2)。

(1) 人文科学及び社会科学に係る活動
(2) リバースエンジニアリング（既に実用化されている製品又は技術の構造や仕組み等に係る情報を自社の製品又は技術にそのまま活用することのみを目的として、その情報を解析することをいいます）その他の単なる模倣を目的とする活動
(3) 事務員による事務処理手順の変更若しくは簡素化又は部署編成の変更
(4) 既存のマーケティング手法若しくは販売方法の導入等の販売技術若しくは販売方法の改良又は販路の開拓
(5) 単なる製品のデザインの考案
(6) 製品に特定の表示をするための許可申請のために行うデータ集積等の臨床実験
(7) 完成品の販売のために行うマーケティング調査又は消費者アンケートの収集
(8) 既存の財務分析又は在庫管理の方法の導入
(9) 既存製品の品質管理、完成品の製品検査、環境管理
(10) 生産調整のために行う機械設備の移転又は製造ラインの配置転換
(11) 生産方法、量産方法が技術的に確立している製品を量産化するための試作
(12) 特許の出願及び訴訟に関する事務手続き
(13) 地質、海洋又は天体等の調査又は探査に係る一般的な情報の収集
(14) 製品マスター完成後の市場販売目的のソフトウエアに係るプログラムの機能上の障害の除去等の機能維持に係る活動
(15) ソフトウエア開発に係るシステム運用管理、ユーザードキュメントの作

成、ユーザーサポート及びソフトウエアと明確に区分されるコンテンツの製作

ここで、(1)～(15) において例示された活動について、それぞれその試験研究性について検討することにします。

また、これ以外にも、総務省統計局が実施する「令和３年科学技術研究調査」における「調査票記入上の注意」（以下、「科学技術研究調査」といいます）の中で「研究」や「研究関係業務」（以下、「研究等」といいます）に該当しないものして除外されている活動や、会計制度委員会報告第12号「研究開発費及びソフトウェアの会計処理に関する実務指針」（平成11年、日本公認会計士協会、以下、「実務指針」といいます）において「研究・開発」に該当しないものとして例示されている活動もあわせて確認しながら、研究開発税制上の「製品の製造等に係る試験研究」の範囲を具体的に確認してみることにします。

(1) 人文科学及び社会科学に係る活動

これまでのとおり、製品の製造等に係る試験研究は自然科学に係るものに限られ、人文科学や社会科学に係る活動は含まれないことがここで明らかにされています。

なお、人文科学・社会科学に含まれるものとしては、それぞれ文学、史学、地理学等（人文科学）と商学、経済学、社会学、法学、政治学等（社会科学）が挙げられ、自然科学とは区分されます。

(2) リバースエンジニアリングその他の単なる模倣を目的とする活動

いわゆるリバースエンジニアリング（逆行工学）の取扱いについては、これまで研究開発税制において試験研究費から明確に排除されていなかったことを踏まえ、世界基準の観点からも試験研究費の範囲について見直しが行われました。

ここでいうリバースエンジニアリングは、既に実用化されている製品や技術の構造、仕組み等に係る情報を自社の製品や技術にそのまま活用することのみを目的として、これらに係る情報の解析をその範囲としています。製品の製造等に係る試験研究には、現に生産中の製品の製造又は既存の技術の改良、考案若しくは発明に係

るものも含まれるため、世間一般的において必ずしも新しいものではなくても、自社にとって新規であれば足りるということにはなりますが、単に模倣することを目的とするならば、これは新たな知見を得るため又は利用可能な知見の新たな応用を考案するために行うものに当たらず、もはやそこに試験研究性は見出せないということにつながっていきます。

(3) 事務員による事務処理手順の変更若しくは簡素化又は部署編成の変更

国税庁 Q&A においても「事務効率・経営組織の改善に係る費用」は、「製品の製造」や「技術の改良、考案若しくは発明」に当たらず、これまでも試験研究費には該当しないとされてきました。

こうした中で、(3) においては、無駄となった事務を止めるなどの事務処理手順の変更や簡素化、あるいは部署編成による組織のフラット化その他事業部制の採用などの変更は自然科学に係る試験研究に該当しないことを明らかにしています。

なお、技術の開発プロセスにおいて、自社を実験場として技術の試行を行った場合に、これまでヒトが担ってきた作業の短縮化あるいは省人力化のための業務改善にも資するような技術の開発を行ったときには、少なくともそこに試験研究性を見出すことができるといえるでしょう。

(4) 既存のマーケティング手法若しくは販売方法の導入等の販売技術若しくは販売方法の改良又は販路の開拓

これらに要する費用についても、国税庁 Q&A において「販売技術・方法の改良や販路の開拓に係る費用」は、試験研究費には該当しないこととされてきました。

(4) では、例えば、顧客のインターネットアクセスを解析してその顧客に最適な商品を提案するための手順の開発を行い、これを特定のソフトウエアとして組み込めば製品の開発に係る試験研究となり、自社内のプロセスの中に組み込む場合には技術に係る試験研究に該当すると考えられます。

(5) 単なる製品のデザインの考案

当該項目についても、国税庁 Q&A において「単なる製品のデザイン考案に係る費用」は、試験研究費には該当しないこととされており、(5) はこれをそのまま引き継いだ形になります。

なお、「単なる」という文言が使われていますが、ここはあくまでも外見上のデザインを想定しているものと思われます。そのため、使いやすさなどの創意工夫による機能を追求したデザインや設計は、ここでいう「単なる」の範囲には含まれないものと考えます。

(6) 製品に特定の表示をするための許可申請のために行うデータ集積等の臨床実験

(3)～(5) と同様に、国税庁 Q&A においても「既存製品に対する特定の表示の許可申請のために行うデータ集積等の臨床実験費用」は、試験研究費には該当しないこととされてきました。

つまり、既に技術的に確立された事項について、製品に特定の表示をするための許可申請だけを目的としてデータ集積等の臨床実験を行う活動は、試験研究には該当しません。しかし、既存製品に対し、新たな知見を得るため又は利用可能な知見の新たな応用を考案するために行われる臨床実験については、試験研究の範囲に含まれるものと考えられます。

(7) 完成品の販売のために行うマーケティング調査又は消費者アンケートの収集

ここでは「完成品」という文言から、既に量産体制に入っている製品等に対する事後的な費用は試験研究に該当しないことを示しています。

つまり、製品化前の開発段階で、例えば適切な設置場所はどこなのか、また、そのために必要な装置や実用化すべき技術は何なのかといったような、特定の目標を定めて実用化の可能性を確かめる研究については応用研究に該当するため、その活動は試験研究になり得るものといえます。

なお、科学技術研究調査や実務指針においても (7) と同様に、営業活動を目的としたマーケティング調査のほか、消費者アンケートによる調査や分析に関しては研究等や研究・開発の対象からは除外することとしています。

(8) 既存の財務分析又は在庫管理の方法の導入

上記 (4) と同様に、ここでは「既存」との表現がなされています。つまり、既に存在するシステムの導入そのものには試験研究性は見出せず、また、科学技術研究調査においても、経営管理や工程管理を目的とした財務分析や、在庫管理に係る調査・分析に関しては、研究等の対象からは除外することとしています。

(9) 既存製品の品質管理、完成品の製品検査、環境管理

(7) や (8) と同様に、ここでも「既存製品」や「完成品」といった表現がなされています。これまでのとおり、既に量産体制入っている製品の品質管理に関する活動や完成品の製品検査に関する活動は、実務指針においても研究・開発には含まれず、試験研究には該当しないとしています。

(10) 生産調整のために行う機械設備の移転又は製造ラインの配置転換

(10) では、「生産調整のため」に行う活動についての判定となりますが、これらに係る活動は既に量産体制に入っている製品等に対する活動になるため、試験研究には該当しないことになります。

しかし、例えば、熟練工が経験的に行っている作業に対して、温度や力加減などを記録、数値化し、作業を自動化するための手順やロボット開発を行った場合には、技術の改良に係る試験研究に該当し、また、販売を目的とすれば製品の開発に係る試験研究にもなり得るといえます。

(11) 生産方法、量産方法が技術的に確立している製品を量産化するための試作

例えば、試作として少量生産は可能ではあるものの、これを大量生産することが困難な製品に対する量産技術の確立は、技術の改良として試験研究に該当することになるでしょう。しかし、既に生産方法や量産方法が技術的に確立しているのであれば、量産化のための試作は経済的な効果のための活動でしかなく、試験研究には該当しないことになります。

(12) 特許の出願及び訴訟に関する事務手続き

当該項目は、実務指針において研究・開発から除外されている内容をそのまま踏襲した形となっています。

特許の出願などは、既に完成した製品等に対する事後的な手続きであって、試験研究には該当しません。

(13) 地質、海洋又は天体等の調査又は探査に係る一般的な情報の収集

これらの活動は、科学技術研究調査の中でも表現は少し異なりますが、「経常的な土壌・大気等の検査・試験・測定・分析活動」については研究等の対象から除外しています。

(13) では特に、「一般的な」という文言が使われていますが、研究やその実施に直接必要な部分に係る活動とは区分した表現になっているといえるでしょう。

(14) 製品マスター完成後の市場販売目的のソフトウエアに係るプログラムの機能上の障害の除去等の機能維持に係る活動

(14) と (15) では、ソフトウエアに関する項目になりますが、市場販売目的のソフトウエアに関する製品マスター完成後に係る活動は、これまでと同様に、既存製品に係る活動に該当し、実務指針においても、ソフトウエアに限らず、既存製品の不具合などの修正に係る設計変更や仕様変更は研究・開発には該当しないこととしています。

(15) ソフトウエア開発に係るシステム運用管理、ユーザードキュメントの作成、ユーザーサポート及びソフトウエアと明確に区分されるコンテンツの製作

最後に、ソフトウエア開発の中でも個別の設計変更や仕様変更は、試験研究には該当しないことを示しています。

科学技術研究調査の中でも同様の内容でこれらは研究等から除外しています。

製品の製造等に係る試験研究のうち、上記 (1)～(15) については、税務上の考え方として試験研究に該当しない活動等として例示していますが、これら以外にも、

科学技術研究調査や実務指針の中で研究等や研究・開発に該当しないものが例示されています。

つまり、研究開発税制を適用するに当たって、試験研究に該当しない活動全てが上記（1）～（15）の中に盛り込まれているわけではなく、またその活動が上記（1）～（15）の中で例示されていないからといって、これがそのまま研究開発税制上の試験研究に該当するというわけではありません。

上記において例示されていないものであっても、科学技術研究調査や実務指針において研究開発に該当しないと判断されるものは、やはり研究開発税制上における試験研究にも該当しないともいえ、また、さらにいうならば上記（1）～（15）のほか、科学技術研究調査や実務指針においても明らかにされていないものがあったとしても１つ１つ試験研究の意義（措通 42 の 4（1)-1）に照らして判断する必要があるといえるでしょう。

科学技術研究調査による「研究」に該当するもの、しないもの

科学技術研究調査における「研究」とは、事物、機能、現象などについて新しい知識を得るため、又は既存の知識の新しい活用の道を開くために行われる創造的な努力や探求をいいます。

いわゆる学術的な研究だけではなく製品・サービスの開発、既存製品・サービスの改良や生産・製造工程の開発や改良に関する活動も、ここでいう研究に含まれます。但し、営業や管理を目的とした活動は、社内で研究と呼ばれていても、これらは研究には該当しません。

なお、科学技術研究調査では、自然科学だけではなく、人文・社会科学の研究も調査の対象としているため、研究開発税制上の試験研究とは範囲が異なることになります。

＜研究とするもの（例）＞

- 学術的な真理の探究
- 基盤技術の研究開発
- 新製品・サービスの開発
- 既存製品・サービスの強化、改良（本質的な機能強化を伴わない「不具

合の修正」は除きます）

・　製品・サービスの特性を明らかにする試験研究

・　新しい製造法・処理法の開発

・　新しい材料の探究・開発

＜研究としないもの（例）＞

・　マーケティング調査、消費者アンケートなど営業活動を目的とした調査・分析

・　財務分析、在庫管理など、経営管理を目的とした調査・分析

・　QC（品質管理）活動、ISO9001（品質管理）、ISO14001（環境管理）など、工程管理を目的とした調査・分析

科学技術研究調査による「研究関係業務」に該当するもの、しないもの

科学技術研究調査における「研究関係業務」とは、研究者による研究活動のほか、研究に関する庶務・会計、事務なども含めた、研究活動を支えるために必要なあらゆる関連業務をいいます。

＜研究関係業務とするもの（例）＞

・　研究に必要な思索・考案、情報・資料の収集・試作・実験・検査・分析・報告、及び研究の実施に必要な機械・器具・装置などの工作、動植物の育成、文献調査などの活動

・　パイロットプラント（実験工場）、プロトタイプモデル（試作機）の設計・製作及びそれによる試験（他法人から試作品の設計図を受け取り、その製作のみを請け負う業務は研究関係業務に含まれません）

・　新製品・サービスの開発、既存製品・サービスの改良等

・　研究に関する庶務・会計などの業務

・　研究の受委託に関する事務

＜研究関係業務としないもの（例）＞

・　生産の円滑化を図るための生産工程を常時チェックする活動、製品・半製品・生産物の品質管理に関する活動及び経常的な土壌・大気等の検査・

試験・測定・分析活動
・　パイロットプラント、プロトタイプモデルなどによる試験研究の域を脱して、経済的生産のための機器設備などの設計
・　一般的な地形図の作成、あるいは、地下資源を探すための単なる探査活動及び地質調査・海洋調査・天体観測などの一般的データ収集
・　特許の出願及び訴訟に関する事務手続き
・　一般従業員の研修・訓練などの業務
・　営業活動を目的とした調査、分析など
・　他社から受託した事業として行う市場調査、技術サービス（保守・管理等）、販売分析など
・　貴金属、衣料品等のデザイン関係

実務指針による「研究・開発」に該当するもの、しないもの

実務指針においては、研究を「新しい知識の発見を目的とした計画的な調査及び探求」と定義し、また開発を「新しい製品・サービス・生産方法についての計画若しくは設計又は既存の製品・サービス・生産方法を著しく改良するための計画若しくは設計として、研究の成果その他の知識を具体化すること」と定義しています。

また、これら「研究・開発」の範囲については、活動の内容が実質的に研究・開発活動であるか否かにより判断すべきであり、その範囲は、従来製造又は提供していた業務にはない、全く新たなものを生み出すための調査・探究活動や、現在製造している製品又は提供している業務についての著しい改良を含むものとしています。したがって、現在製造している製品や業務を提供した場合に、著しいと判断できないような改良や改善などを行う活動は、ここでいう研究・開発には該当しないことになります。

＜研究・開発とするもの（例）＞（実務指針 2）
・　従来にはない製品、サービスに関する発想を導き出すための調査・探究
・　新しい知識の調査・探究の結果を受け、製品化、業務化を行うための活動
・　従来の製品に比較して著しい違いを作り出す製造方法の具体化

・　従来と異なる原材料の使用方法又は部品の製造方法の具体化

・　既存の製品、部品に係る従来と異なる使用方法の具体化

・　工具、治具、金型等について、従来と異なる使用方法の具体化

・　新製品の試作品の設計・製作及び実験

・　商業生産化のために行うパイロットプラントの設計、建設等の計画

・　取得した特許を基にして販売可能な製品を製造するための技術活動

＜研究・開発としないもの（例）＞（実務指針 26）

・　製品を量産化するための試作

・　品質管理活動や完成品の製品検査に関する活動

・　仕損品の手直し、再加工など

・　製品の品質改良、製造工程における改善活動

・　既存製品の不具合などの修正に係る設計変更及び仕様変更

・　通常の製造工程の維持活動

・　機械設備の移転や製造ラインの変更

・　特許権や実用新案権の出願などの費用

・　外国などからの技術導入により製品を製造することに関する活動

2 サービス開発に係る試験研究

サービス開発に係る試験研究は、平成29年度税制改正により、IoTやビッグデータ、AI等を活用した「第4次産業革命」による新たなビジネスの創出を後押しする観点から、対価を得て提供する新たな役務の開発に係る試験研究のために要する費用についても、これを研究開発税制の対象となる試験研究費に含めることとされました。

1 新たな役務の意義

サービス開発に係る試験研究は、対価を得て提供する新たな役務の開発に係る試験研究で（措法42の4⑧一イ（2））、所定のプロセスを経て行われるものをいいます（措令27の4③）。

ここで、1製品の製造等に係る試験研究と大きく異なるのは、サービス開発に係る試験研究は新たな役務の開発に係るものに限られているということになりますが、この「新たな役務」の範囲については次のように位置付けています（措通42の4（1)-4)。

42の4（1)-4（新たな役務の意義）

措置法第42条の4第8項第1号イ（2）に規定する試験研究は新たに提供する役務に係るものに限られるのであるから、同号イ（2）の「新たな役務」に該当するかどうかは、その役務を提供する法人にとって従前に提供していない役務に該当するかどうかにより判定する。

ここでいう「新たな役務」とは、上記のとおり、その法人にとってこれまで顧客に対して提供してこなかったような役務であれば「新たな役務」に該当し、これまで誰も提供を受けたことのない世界初となるような役務である必要はありません。

従前の役務に付加された役務も「新たな役務」に該当

「新たな役務」は、その法人がこれまで提供してきた役務であっても、その提供している役務と比較して新たな内容が付加されている場合や、これまでと比較してその役務の提供方法が新たなものである場合にも新たな役務に該当することになります（措通42の4（1)-5)。

2　対価を得て提供することの意義

サービス開発に係る試験研究は、新たな役務の開発に係るものであることに加え、「対価を得て提供する」ことを目的として開発されるものであることも1つの要件としています。つまり、提供するサービスから対価を得ることを目的としていることから、企業内部における作業効率の向上化や業務改善などのために試験研究を行うことで新たな役務を開発したとしても、対価を得て提供する新たな役務には該当しないため、ここでいうサービス開発には含まれません。

対価を得ることができない場合でも一定の場合は対象に

「対価を得て提供する」とは、通常、そのサービスがその法人の収益につながることを目的として試験研究を行うことを指しますが、対価を得るための活動は、必ずしも試験研究が成功し、そこから売上が発生する場合のみを対象としているわけではありません。

また、例えば、顧客との間で対価を得て役務を提供する契約を締結して新たな役務を開発したものの、その後の顧客側の都合などによってこれを提供することができなくなり、結果的に自社で利用することになった場合であっても、その新たな役務は「対価を得て提供する」ことを目的として開発されたものとして取り扱うことができるものと考えられます。

間接的に収受した収益も「対価を得ること」に該当

例えば、新たなサービスをアプリケーションにより提供する場合で、利用者から直接利用料を受領するのではなく、アプリケーション内に表示される広告から広告料収入を得るようなケースのように、広告料の支払者がそのサービスの直接の利用者でないときであっても「対価を得て提供する」ことになるものと考えらます。

つまり、開発したサービスを提供することで何らかの収入が得られ、法人においてその収入が収益として認識されるのであれば、これは「対価を得て提供する」ことに含まれることになります。

3　サービス開発に係るプロセス

サービス開発に係る試験研究は、上記のとおり、対価を得て提供する新たな役務の開発を目的として行われる試験研究をいいますが、次の（1）～（4）に掲げる4つのプロセス（以下、「サービス設計工程」といいます）の全てが実施される場合の試験研究とされています（措法42の4⑧一イ（2）、措令27の4③）。

サービス設計工程の流れについては、第1章【**図表1-7**】でも図式化しましたが、ここではそれぞれのプロセスを具体的に確認していくことにします。

【図表3-2　サービス設計工程】（第1章【図表1-7】再掲）

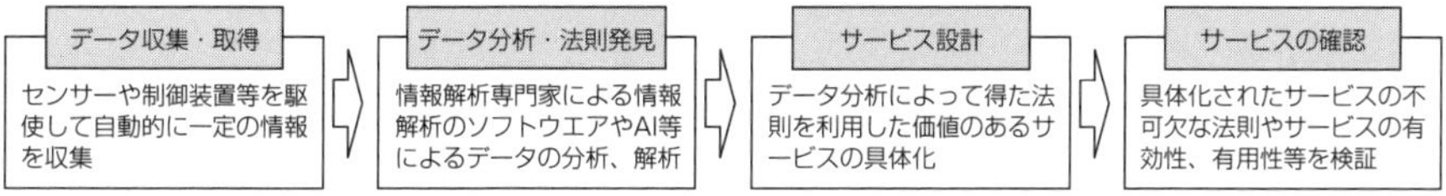

（1）データの収集・取得

「データの収集・取得」とは、大量の情報を収集する機能を有し、その機能の全部若しくは主要な部分が自動化されている機器若しくは技術を用いる方法によって行われた情報の収集又はその方法によって収集された情報の取得をいいます。

大量の情報を収集する機能を有する機器や技術について

大量の情報を収集する機能としては、次の（2）において行われるデータ分析の中で信頼できる分析結果を導き出すのに必要かつ十分な質と量の情報を専用のソフトウエアを利用して自動的に収集できることが求められ、この機能を有する自動化された機器や技術の具体例としては、画像データの収集が可能な高性能カメラを搭載したドローンや、情報を収集するセンサーを有するウェアラブルデバイス（手首や腕、頭など身体の一部に装着するコンピュータが該当します）などのスマートデバイス等が挙げられます。

他社から購入した情報もデータの収集・取得に該当

他社から購入したデータが、「大量の情報を収集する機能を有し、その機能の全部又は主要な部分が自動化されている機器又は技術」により収集されたものであれば、これらについても「データの収集・取得」に該当することになります。

(2) データ分析・法則発見

「データ分析・法則発見」とは、上記（1）の収集又は取得に係る情報について、一定の法則を発見するために行われる分析としてその情報の解析に必要な確率論及び統計学に関する知識並びに情報処理に関して必要な知識を有すると認められる者（以下、「情報解析専門家」といいます）により情報の解析を行う専用のソフトウエア等を用いて行われるものをいいます。

情報解析専門家は社外の者には限定されない

情報解析専門家という表現からすれば、情報処理に関し一定以上の必要な知識を有すると認められる者が該当すると考えられますが、情報処理技術者試験等の資格の有無や、学歴等による専門性の程度は特段明らかにされてはいません。とはいえ、データ解析においてはこれに必要な知識や情報処理に関する知識が求められることになります。しかし、その者が自社の従業員であっても、過去の職務において同様の知識を必要とする業務を行っていた場合のほか、研修やOJTによる社内の教育訓練などによって必要な知識を習得したと認められる場合には、ここでいう情報解析専門家に含まれるものと考えられます。

(3) サービス設計

「サービス設計」とは、上記（2）の分析結果から発見された法則を利用したその役務の設計をいいます。

(4) サービスの確認（適用）

「サービスの確認（適用）」とは、上記（3）の役務の設計に係る法則について、その予測と結果とが一致することの蓋然性（確率）が高いものであること、その他妥当であると認められるものであること及びその法則を利用したその役務がその目的に照らして適当であると認められるものであることの確認をいいます。

サービス設計工程の成立は計画段階で判定

サービス設計工程の全てが行われるかどうかは、法人がサービス設計工程の全てを実行することが試験研究の計画段階において決定しているかどうかにより判定することになります。

つまり、サービス設計工程の全てがその事業年度内に完了していないケースや、その事業年度においてその試験研究が中止になった場合であっても、その法人がサービス設計工程の全てを実行することが試験研究の計画段階で決定しているときは、その試験研究はサービス設計工程の全てが行われる試験研究に該当し（措通42の4（1）-6）、その事業年度の損金の額に算入された試験研究費の額は、研究開発税制の対象とすることができます。

サービス設計工程を外部委託した場合

サービス設計工程の全てが行われるかどうかの判定に当たっては、法人がその工程の全部又は一部を委託により行うかどうかは問いません。よって、サービス設計工程の中に外部に委託した部分があった場合でも、サービス開発に係る試験研究の対象として取り扱うことができます。

サービス開発に係る試験研究の事例

平成29年度税制改正の概要（経済産業省）では、研究開発税制の適用対象となるサービス開発の事例として、次のようなサービスが例示されており、いずれも収集したデータを分析し、これに基づいて開発された情報サービスを提供する流れとなっています。

＜地域を自然災害から守るサービス＞

（例）ドローンを活用して画像データや気象データ等を収集し（データの収集・取得）、これらを組み合わせて分析することで（データ分析・法則発見）、より精緻でリアルタイムな自然災害を通知するサービス（サービスの設計）を提供（サービスの確認（適用））

＜農家を支援するサービス＞

（例）センサーによって農作物、土壌に関するデータや気象データ等を収集し（データの収集・取得）、これらを組み合わせて分析することで（データ分析・法則発見）、農家が最適な農作業をできるような農業支援情報を配信するサービス（サービスの設計）を提供（サービスの確認（適用））

＜各個人に応じたヘルスケアサービス＞

（例）各個人の運動や睡眠状況、食事、体重、心拍等の健康データ（データの収集・取得）を分析することで（データ分析・法則発見）、各個人に最適なフィットネスプランや食生活の推奨、病院受診勧奨を行うサービス（サービスの設計）を提供（サービスの確認（適用））

＜観光サービス＞

（例）ドローンや人工衛星等を活用して画像データや気象データ、生態系のデータ等を収集し（データの収集・取得）、これらを組み合わせて分析することで（データ分析・法則発見）、高付加価値の観光資源となるものの発生頻度の低い自然現象等の発生を精緻に予測するサービス（サービスの設計）を提供（サービスの確認（適用））

3 自社利用のソフトウエアに係る試験研究

ソフトウエアの制作に関しては、実務指針において「市場販売目的」のものと「自社利用」のものとに分類され、税務上においても同様の区分がなされています。このうち「自社利用」のソフトウエアの取得に要する費用で一定の研究開発費等に該当するものは、令和３年度税制改正により、試験研究費に含まれることとされ、研究開発税制を適用できる試験研究費の範囲が見直されました。

そこで、これらを適用するに当たり、「自主利用のソフトウエアに係る試験研究」の部分をピンポイントで取り上げ、改正前と比較しながら研究開発税制の適用の可否について確認することにします。

1 市場販売目的のソフトウエアに係る試験研究費の取扱い

まずは、自社利用のソフトウエアに係る試験研究の内容を確認する前に、市場販売目的のソフトウエアの制作に係る研究開発費の取扱いについて確認します。

市場販売目的のソフトウエアを、複写して販売するための原本（製品マスター）から製造されるパッケージソフトウエアとして捉えた場合、これが完成するまでの制作活動は研究開発活動と考えられます。このとき、製品マスターが完成するまでに発生した費用は、会計上では研究開発費として一時に費用処理され、税務上においても試験研究費として損金算入されることとなります。

つまり、試験研究費として損金算入された部分は、[1]製品の製造等に係る試験研究のために要する費用として研究開発税制の適用対象となり、この取扱いは令和３年度税制改正によって影響されることはありません。

なお、製品マスター完成後のソフトウエアの機能の改良や強化を行う制作活動（著しい改良と認められる場合を除きます）は、[1]３（14）に従い、製品の製造等に係る試験研究には該当せず、研究開発費税制の適用対象には含まれないことも従来までの取扱いと変わるところではありません。

2　自社利用のソフトウエアに係る試験研究費の取扱い（旧）

自社利用のソフトウエアのうち、単に購入したソフトウエアに何ら手を加えることなくそのまま利用する場合には、取得費用以外に費用が発生することはなく、研究開発といった要素がそこに入り込む余地はありません。そして、この場合の取得に要した費用は、会計上、税務上問わず原則として資産計上されることになります。

これに対し、自社利用のソフトウエアの中には、自己で製作するソフトウエア（以下、「自社開発ソフトウエア」といいます）の利用も想定されますが、この場合、制作活動の段階においては、研究開発という要素が入り込む余地は十分にあると考えられます。しかし、税務上では自社開発ソフトウエアを自社で利用する場合には、これに要した費用は資産計上することとされており（法基通7-3-15の2）、結局、損金算入を要件とする試験研究費には該当しないため、研究開発税制は適用対象外ということになります。

また、業務改善目的のための自社開発ソフトウエアについても、制作段階では研究開発の要素を含んでいることにはなりますが、完成後は資産計上され、事業供用の事実に従って減価償却が開始される時点では、これに係る費用は「事務効率・経営組織の改善に係る費用」（国税庁Q&A、1 3 **(3)** 参照）に該当することになるため、やはりこれも研究開発税制の対象外となってしまいます。

自社利用のソフトウエアについては、**【図表3-3】**のとおり、会計上はそのソフトウエアの利用により将来の収益獲得又は費用削減が確実と認められる場合のみ資産計上し、確実と認められない場合又は確実かどうか不明な場合には費用処理することとされています（実務指針11）。これに対し、税務上では、自社利用のソフトウエアを損金算入できるのは、そのソフトウエアの利用により将来の収益獲得又は費用削減が確実と認められない場合に限られており（法基通7-3-15の3）、そもそもそのような状態の場合には研究開発としての要素は持ち合わせておらず、これに係る費用は研究開発税制の対象にはならないことになります。

【図表 3-3　自社利用ソフトウエアの取扱い】

	ソフトウエアの利用による将来の収益獲得又は費用削減への効果		
	確実とは認められない	確実かどうか不明	確実と認められる
会計処理 （実務指針）	期間費用 （損金算入）	期間費用	資産計上
税務処理 （通達）		資産計上	

このように、研究開発の段階で自社利用のソフトウエアに対して投じられる費用は、税務上においては損金算入される機会がなく、たとえそこに研究開発の要素が含まれていたとしても、その段階では資産計上を原則としているため、研究開発税制の対象にはならないということになります。

なお、**【図表 3-3】**にあるとおり、ソフトウエアの利用による将来の収益獲得又は費用削減が「確実かどうか不明」の場合、会計上の処理と税務上の処理が異なっています。これは、会計上においては資産性が低いものはなるべく費用計上すべきとする保守主義の原則の観点からこれを期間費用として処理することとしているのに対し、税務上では「将来の収益獲得又は費用削減が確実であると認められない場合」とは具体的にどのようなケースなのか実務上必ずしも明確ではないこと、またその判断においては法人の主観性や恣意性が介入する余地が生じやすいこと、そして税務上の減価償却資産の取得価額に求められるのはその資産からもたらされる効用の有無ではなく、取得のためにどのような費用を要したのかという考え方の違いによるものになります。

しかし、令和３年度税制改正では、政策的な観点から、この部分（**【図表 3-3】**網掛部分）を試験研究費に含めるとする見直しがなされ、たとえ税務上において資産計上が求められるにしても、一定の要件のもと試験研究費として取り扱うこととなりました。

3　自社開発ソフトウエアに係る費用の取扱い

令和３年度税制改正では、自社利用のソフトウエアに係る一定の研究開発費等についても税務上の試験研究費に該当するものとして、研究開発税制に係る試験研究費の適用範囲が拡充されました。

研究開発税制の観点からは、自社利用のソフトウエアに関していえば、自社開発ソフトウエアを製作するために投じられる費用か、あるいは既に有しているソフトウエア又は購入したパッケージソフトウエア等（以下、「既存ソフトウエア等」といいます）を大幅に改良し自社仕様にするために投じられる費用か、どちらかが試験研究費の対象になると考えられます。

いずれにしても、これまでのとおり、これらはそのソフトウエアの利用により将来の収益獲得又は費用削減が確実と認められない限りは資産計上されることになりますが、製品の製造等に係る試験研究（次に掲げる条文では「イ（1）」として表示）又はサービス開発に係る試験研究（次に掲げる条文では「イ（2）」として表示）のために要する費用のうち、次に掲げる費用については、税務上において、たとえこれらが資産の取得価額に含まれることとなったとしても、研究開発税制の適用対象となる試験研究費に含まれることになるとしています（措法42の4⑧一ロ）

イ（1）又は（2）に掲げる費用の額で各事業年度において研究開発費として損金経理をした金額のうち、棚卸資産若しくは固定資産（事業の用に供する時においてイ（1）に規定する試験研究又はイ（2）に規定する政令で定める試験研究の用に供する固定資産を除く。）の取得に要した金額とされるべき費用の額又は繰延資産（イ（1）に規定する試験研究又はイ（2）に規定する政令で定める試験研究のために支出した費用に係る繰延資産を除く。）となる費用の額

上記の措置法42条の4第8項1号ロを踏まえ、まずは、自社開発ソフトウエアの取得のために要する費用に係る研究開発税制の適用の可否について確認します。

(1) クラウドを通じてサービス提供を行うソフトウエア

クラウド上にあるサービスは、インターネットによる顧客からのアクセスによって提供されることになりますが、その原本はクラウド上に保存され、そこには製品マスターは存在しません。そのため、自社で開発するクラウド上のソフトウエアに係る試験研究は、上記1のような市場販売目的のソフトウエアに係る試験研究と同様に取り扱うことはできず、実務上、上記2の自社利用のソフトウエアに分類せざるを得ません。このとき、研究開発段階においては、これが将来の収益獲得（又は費用削減）につながらないことが明らかなものとして特定することができないため、これに要する費用は、会計上においては研究開発費として期間費用になりますが、税務上は資産計上されることになります。

しかし、クラウドを通じてサービス提供を行うソフトウエアに係る研究開発費は、実態からすれば市場販売目的のソフトウエアに係る研究開発費と何ら変わることはないため、会計上において研究開発費として損金経理されたものは、税務上、資産計上すべきものであっても、令和３年度税制改正によってこれを試験研究費として研究開発税制の適用対象にすることができることとされました。

なお、このケースでは、税務上においてソフトウエアとして資産計上することになったとしても、試験研究費として研究開発税制の適用対象となる部分は、完成品となった時点で販売用となり試験研究の用に供されることはなくなるため（つまり、非試験研究用資産に該当することになるため）、措置法42条の４第８項１号ロに規定するとおり事業の用に供するときには試験研究の用に供される固定資産には該当しないことになります。

また、これら試験研究費として研究開発税制の適用対象となった非試験研究用資産については、その減価償却費や譲渡損、除却損は研究開発税制の対象となる試験研究費からは除外されます。

非試験研究用資産とは

非試験研究用資産とは、棚卸資産（製造原価に算入されるもの）、固定資産及び繰延資産（仮勘定のものも含みます）のうち、これらを事業の用に供した時に試験研究の用に供されないものをいいます。つまり、これらがのちのち試験研究の用に供されるものであるならば、これに応じて費用化される部分が試験研究費として取り扱われることになるため、その場合には非試験研究用資産ではなく、試験研究用資産ということになります。

損金経理した部分は申告調整が必要

クラウドを通じてサービス提供を行うソフトウエアに係る研究開発費は、会計上は期間費用となり、また、研究開発税制上においても試験研究費として損金経理する必要があります。しかし、あくまでも税務上は資産計上しなければならないことに変わりはなく、課税所得の計算上は申告調整する必要があるため、注意が必要です。

(2) 既存ソフトウエア等の改良に係る費用の取扱い

自社利用のソフトウエアをカスタマイズするなど、既存ソフトウエア等の機能を改良あるいは強化する制作活動のための費用は、実務指針においては、**【図表 3-4】**のとおり、原則として資産計上することになります（実務指針 9）。また、税務上においても、既存ソフトウエア等につきプログラムの修正等を行った場合において、これが新たな機能の追加や機能の向上などに該当するときは、その修正等に要した費用は資産計上することとされています（法基通 7-8-6 の 2）。

なお、実務指針においては、その改良等が「著しい改良」に該当すると認められる場合には、その著しい改良が終了するまでに要した費用は研究開発費として取り扱うこととしていますが（実務指針 9）、税務上では改良の程度に影響されることなく資産計上することになります。この点、税務上では、既存ソフトウエア等の仕様を大幅に変更して、新たなソフトウエアを製作するための費用の額は、当該新たなソフトウエアの取得価額にすることが示されており（法基通 7-3-15 の 2（注）2）、通常の改良も含めて資産計上すべきこととしています。

ここで、会計上の「著しい改良」とは、研究及び開発の要素を含む大幅な改良をいい、完成に向けて相当程度以上の技術的な困難が伴うものをいいます（実務指針 33）。法人税基本通達上の「大幅な変更」もほぼ同義であると考えられます。

【図表 3-4　既存ソフトウエア等に係る改良のための費用の取扱い】

	ソフトウエアの機能の改良・強化	
	通常の改良	著しい改良
会計処理（実務指針）	資産計上	期間費用
税務処理（通達）	資産	計上

ところで、実務指針では、自社で過去に制作したソフトウエア又は市場で販売されているパッケージソフトウエアの仕様を大幅に変更して、自社のニーズに合わせ

た新しいソフトウエアを制作するための費用は、これによる将来の収益獲得又は費用削減が確実であると認められる場合を除き、研究開発目的のための費用と考えられるため、購入ソフトウエアの価額も含めて費用処理するとしています（実務指針15）。そこで、令和3年税制改正では、会計上の研究開発費の取扱いにあわせる形で（**【図表 3-4】** 網掛部分）、あくまでも将来の収益獲得又は費用削減にならないことが明らかな場合には資産計上するという税務上の考えを残しながら、既存ソフトウエア等の仕様を大幅に変更する費用については、試験研究費に含めることができることとしています（**【図表 3-3】** 網掛部分）。

損金経理した部分は申告調整が必要

既存ソフトウエア等の仕様の大幅な変更は、研究開発費として会計上は期間費用となり、研究開発税制上においても試験研究費として損金経理する必要があります。但し、税務上はあくまでも資産計上が原則となるため、課税所得の計算上は申告調整する必要があります。

(3) 業務改善を目的とするソフトウエア

業務改善目的の研究開発については、令和3年税制改正大綱において次のように示されています。

> 開発中の技術をその開発をする者において試行する場合において、その技術がその者の業務改善に資するものであっても、その技術に係る試験研究が工学又は自然科学に関する試験研究に該当するときは、その試験研究に要する費用は研究開発税制の対象となること等、研究開発税制の対象となる試験研究費の範囲について明確化する。

これまで、国税庁 Q&A の中で「事務能率・経営組織の改善に係る費用」については試験研究費には該当しないことが例示されていたため、業務改善に係る費用のほか、業務の過程や工程を変革して効率化するための仕組み作り（プロセスイノベーション）は試験研究費には該当しないとする見解が一般的でした。

しかし、近年、ソフトウエア関連の技術開発の進展に伴い、業務改善に資する技術の開発が進んでいることに鑑みれば、これらの開発行為が試験研究に該当するのかどうかを明確にする必要がありました。

当然、開発されたソフトウエアを運用し、これに応じて実施する業務改善活動には何ら自然科学に関する試験研究性は見出せず、これらに係る費用は試験研究費には含まれません。ポイントは、ソフトウエアを開発する行為自体に着目しているという点であって、たとえこれが結果として業務改善を目的としたソフトウエアに係る開発であっても、その開発行為そのものは情報工学の一分野として、工学又は自然科学に関する試験研究性を有しているということになります。そして、業務改善を目的に開発したソフトウエアを自社利用する場合には、業務改善に資するための「技術の改良」に該当することになるでしょう。

よって、これまで確認してきたとおり、開発中のソフトウエアに係る費用は税務上資産計上することになりますが（法基通7-3-15の2)、その費用は損金経理を要件として、令和3年度税制改正によって研究開発税制の対象となり、業務改善を目的とする自社利用のソフトウエアの開発に係る費用も試験研究費に含めることができることになります。

損金経理した部分は申告調整が必要

ソフトウエア開発に係る費用について研究開発税制を適用するためには、これを研究開発費として損金経理する必要があります。但し、これらは税務上では資産計上を原則としているため、課税所得を計算するうえでは申告調整が必要となります。

第 4 章

試験研究のために要する費用（試験研究費）の範囲

研究開発税制において税額控除の対象となる試験研究費は、製品の製造等に係る試験研究のために要する費用又はサービス開発に係る試験研究のために要する費用となりますが、これらの費用については、それぞれ次のように規定されています。

なお、これらの費用のうち、他の者から支払いを受ける金額がある場合には、その金額は試験研究費の額には含まれません（措法42の4①）。

＜製品の製造等に係る試験研究のために要する費用＞（措令27の4②）

・　その試験研究を行うために要する原材料費、人件費（専門的知識をもって当該試験研究の業務に専ら従事する者に係るものに限る）及び経費

・　他の者に委託をして試験研究を行う場合の、その試験研究のために委託を受けた者に対して支払う費用

・　技術研究組合法9条1項の規定により賦課される費用

＜サービス開発に係る試験研究のために要する費用＞（措令27の4④）

・　その試験研究を行うために要する原材料費、人件費（一定の情報の分析を行うために必要な専門的知識をもってその試験研究の業務に専ら従事する者として一定の者に係るものに限る）及び経費（外注費については、これらの原材料費、人件費に相当する部分その他その試験研究を行うために要する経費に相当する部分（外注費に相当する部分は除く）に限る）

・　他の者に委託をして試験研究を行う場合の、その試験研究のために委託を受けた者に対して支払う費用（上記に規定する、原材料費、人件費に相当する部分及び経費に相当する部分に限る）

研究開発税制における試験研究費となる費用は上記のとおりですが、本章では、これらの費用につき、その範囲を費目ごとに確認していくことにします。

1 製品の製造等に係る試験研究のために要する費用

製品の製造等に係る試験研究のために要する費用は、**【図表 4-1】**のとおり、大きく分けて 4 つに区分できます。

「研究開発費等に係る会計基準」（企業会計審議会）においても、研究開発費を構成する原価要素として、「研究開発費には、人件費、原材料費、固定資産の減価償却費及び間接費の配賦額等、研究開発のために費消されたすべての原価が含まれる」としています。

【図表 4-1　製品の製造等に係る試験研究のために要する費用】（第 1 章【図表 1-5】より）

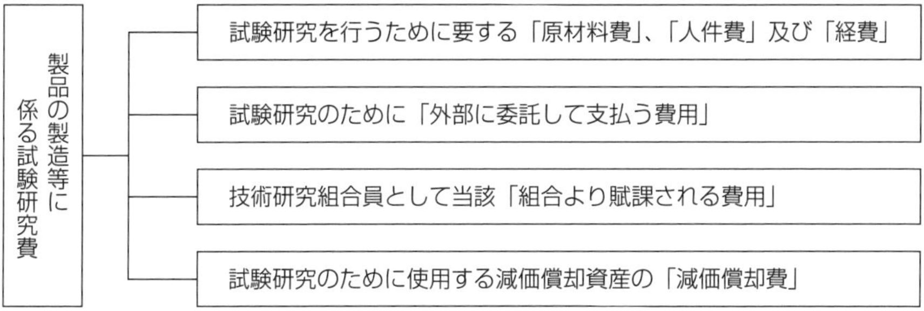

これらを踏まえ、**【図表 4-1】**に従い、それぞれの費用について、その内容を確認していきます。

1 原材料費

原材料費の内容については、研究開発税制の中で具体的に取り上げられている部分は特に見当たりません。但し、試験研究費についても「研究開発費等に係る会計基準」に沿って原価の集合体として捉えるならば、材料費とは、物品の費消によって生ずる原価と定義付けることができるでしょう（「原価計算基準」（企業会計審議会、昭和 37 年 11 月 8 日））。

そして、原価計算基準においては、材料費を次のとおり細分しています。

・　主要材料費（原料費）

・　買入部品費

・　燃料費

・　補助材料費

・　工場消耗品費

・　消耗工具器具備品費

また、原価計算基準では、材料の購入原価は原則として実際の購入原価とし、これに買入手数料や引取運賃、荷役費、保険料、関税等材料買入に要した引取費用を加算するとともに、購入事務、検収、整理、選別、手入、保管等に要した費用（引取費用とあわせて、以下、「材料副費」といいます）を加算した金額で構成されるとしています。

こうした材料副費は、税務上の棚卸資産の付随費用（法基通5-1-1及び5-1-3）の考え方と大きく乖離するところではなく、原材料費に含まれる金額は、会計上も税務上も概ね同一の範囲内と考えられます。

既存ソフトウエア等の大幅な改良による新たなソフトウエアの取得価額

自社利用のソフトウエアにおいて、既に有しているソフトウエア又は購入したパッケージソフトウエア等（以下、「既存のソフトウエア等」といいます）の仕様を大幅に変更して新たなソフトウエアを製作するための費用は、その新たなソフトウエアの取得価額を構成することになりますが、これによって既存ソフトウエア等を利用することが見込まれない場合には、その既存ソフトウエア等の残存簿価は、新たなソフトウエアの製作のために要した「原材料費」になるとしています（法基通7-3-15の2（注）2）。

これについては、新たなソフトウエアを製作するための元となる既存ソフトウエア等に付されている減価償却費等の控除後の残存帳簿価額は、その製作段階では除却損等によって一時に損金の額に算入されるのではなく、あくまでも新たなソフトウエアの製作のために要した「原材料費」として取得価額に算入すべきことを留意的に明らかにしている一方で、原材料費として一旦損金経理された部分は、取得価額を構成するとしても、既存ソフトウエア等の仕様を大幅に変更する費用として

「試験研究費」の額に含まれることを示しています（第３章③３（2）参照）。

2　人件費

研究開発税制における試験研究費を判断するうえで、これまでも話題になってきたのは、人件費に係る、いわゆる「専ら」要件といえます。この部分も含め、人件費は試験研究費の範囲の中で最も判断に迷う部分といえるでしょう。

(1) 人件費の範囲

製品の製造等に係る試験研究のために要する費用に含まれる人件費は、「専門的知識をもって試験研究の業務に専ら従事する者に係るもの」をその範囲としています（措令27の４②一）。ここでいう人件費の範囲は、試験研究プロジェクト等の担当業務に係るもののうち、おおよそ次のようなものが含まれるといえるでしょう。

・　賃金、給与、諸手当、賞与
・　退職金、中退共の掛金等
・　法定福利費（健康保険法、雇用保険法等による事業主負担分）
・　福利厚生費（医務、衛生、保険その他の従業員の福利厚生に係る費用）

なお、人件費の中からは、教育訓練費や従業員募集費などの従業員を雇用するうえで支出されるような間接的な費用は除かれます。

役員報酬が人件費の対象になるケースについて

役員報酬は、従業員に対する給与等とは異なり、労務の対価としての性格を有していません。しかし、例えば、役員が試験研究プロジェクトに従事する場合において、その役員が試験研究担当業務としての職務を有し、専門的知識をもってその試験研究の業務に専ら従事していると認められるときは、これに係る役員報酬の部分についても試験研究費として研究開発税制の適用対象になるものと考えられます。

但し、その役員に係る研究業務の実態や、社内の他の研究者に対する人件費等を鑑みて、その金額が研究者の職務に対するものとして相応なものでなければならないといえるでしょう。

人件費に含まれる退職金の範囲

試験研究費の対象となる人件費に含めることができる退職金の範囲は、その従業員等に支払われる退職金で、その者が在職していた期間のうち、その研究開発に専ら従事していた期間に相当する部分となります。期間の計算に当たっては、特段規定はありませんが、月割り計算とするなど、単純な方法によることとしている場合であっても算定根拠を整備しておくことが重要といえるでしょう。

(2) 人件費の「専ら」要件

人件費に係る、いわゆる「専ら」要件に関する取扱いについては、過去に中小企業庁から国税庁に対して照会が行われ、国税庁からは個別通達が発遣されています。

その中で、「専門的知識をもって試験研究の業務に専ら従事する者」とは、試験研究部門に属している者や研究者としての肩書を有する者等の試験研究を専属業務とする者、研究プロジェクトに全期間中従事する者などとしながら、それ以外にも次の全ての要件を満たす者も「専ら従事する者」に該当することとしています（平成15年12月25日課法2-28）。

- 試験研究のために組織されたプロジェクトチームに参加する者が、研究プロジェクトの全期間にわたり研究プロジェクトの業務に従事するわけではないが、研究プロジェクト計画における設計、試作、開発、評価、分析、データ収集等の業務（フェーズ）のうち、その者が専門的知識をもって担当する業務（以下「担当業務」という）に、当該担当業務が行われる期間、専属的に従事する場合であること
- 担当業務が試験研究のプロセスの中で欠かせないものであり、かつ、当該者の専門的知識が当該担当業務に不可欠であること
- その従事する実態が、概ね研究プロジェクト計画に沿って行われるものであり、従事期間がトータルとして相当期間（概ね1か月（実働20日程度）以上）あること。この際、連続した期間従事する場合のみでなく、担当業務の特殊性等から、当該者の担当業務が期間内に間隔を置きながら行われる場合についても、当該担当業務が行われる時期において当該者が専属的に従事しているときは、該当するものとし、それらの期間をトータルするものとする。

・　当該者の担当業務への従事状況が明確に区分され、当該担当業務に係る人件費が適正に計算されていること

なお、試験研究費の額に含まれる人件費の額は、専門的知識をもって試験研究の業務に専ら従事する者に係るものをいうことから、たとえ研究所等に専属する者に係るものであっても、例えば、事務職員や守衛、運転手等のように試験研究に直接従事していない者に係るものは、ここでいう人件費の額には含まれません（措通42の4（2）-3）。

兼任者の人件費の集計は明確に

試験研究担当業務とその他の業務を兼任する者の人件費の算定においては、研究開発への従事状況を明確に区分しておくことが重要です。

兼任者の人件費については、日報などの業務記録や、コスト計算用ソフトによって自動集計されるようなデータなど、試験研究プロジェクトに従事した期間や費用が明確にわかるような資料を整備しておく必要があるでしょう。

試験研究費に人件費が含まれていなくても研究開発税制は適用できる

研究開発税制では、特に人件費の「専ら」要件が独り歩きし、試験研究に専ら従事している者がいない、あるいはその判断が困難なため試験研究費に人件費を含めることができないとの理由から、研究開発税制を適用できないのではないかとの誤解が生じていることが懸念されます。

研究開発税制の適用対象は、あくまでも試験研究費の額の全体で判断するのであって、そこに人件費が含まれない、あるいは「専ら」要件を満たさないため人件費を含めることができない場合であっても、原材料費や経費その他の費用の額うちに試験研究費の額に含めることができるものがある場合には、当然に研究開発税制を適用することができます。

(3)「専ら」要件の具体例

試験研究費に含まれる人件費の要件とされる「専ら」については、試験研究業務に専属して従事し又はプロジェクトの全期間に従事していれば、何ら問題なく、こ

れらに係る人件費の額は研究開発税制の試験研究費の額に算入することができるでしょう。

しかし、中小企業においては、限られた人的資源の中で試験研究に取り組まざるを得ないのが実態であり、多くの場合、試験研究以外の業務と兼務しているのがむしろ一般的といえます。

このようなケースの中で、上記（2）の囲み枠に掲げた要件の全てを満たす者もいわゆる「専ら」要件をクリアするとされているため、以下、事例をもって、試験研究費の額に含まれる人件費の額を具体的に算定してみることにします。

＜事例＞

A社は、加工食品卸売業を営んでおり、地元のスーパーマーケットやコンビニエンスストア等を中心に弁当や惣菜などの商品を製造し、各店舗に配送しています。各商品は他県にある工場で製造していますが、新たな商品開発に向け本社内に商品開発部を設置し、当期は長期冷凍保存食品の開発（ここでは「当プロジェクト」といいます）を行っています。

技術開発に当たっては、栄養士や食品工学などの専門的知識を持った商品開発部の従業員によって実施し、新作メニューの開発も兼務しながら取り組んでいます。なお、開発中の各フェーズにおいては、工場長であるOを除き、各担当者が専属的に従事しています。

当プロジェクトは設計から性能評価の分析まで6か月間を要し、それぞれフェーズごとの工程表は次の**【事例 4-2】**のとおりでした。

【事例 4-2　A社における当プロジェクトの工程表】

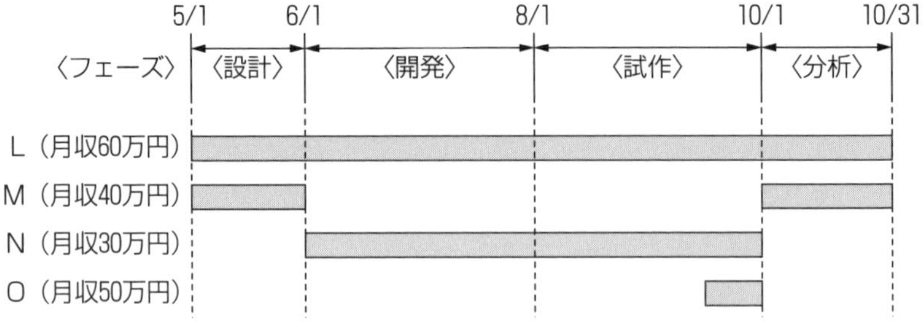

L：プロジェクトリーダーのため当プロジェクトの全期間に従事

M：
N：｝当プロジェクト参加時には各フェーズに専属的に従事

O：試作最終段階に製造ラインの確認のため視察

【事例 4-2】の工程表をもとに計算した、A 社における当期の試験研究費の額に算入される人件費の額は、次のようになります。

なお、O は工場長で、試作の最終段階において、製造工程を確認するために数回本社に視察で訪れているだけであり、また、試験研究に対する専門的知識を有しているわけでもないため、その人件費は試験研究費には含まれません。

L：60 万円×6 か月＝360 万円

M：40 万円×1 か月＋40 万円×1 か月＝80 万円

N：30 万円×4 か月＝120 万円

O：0 円

合計：L＋M＋N＋O＝560 万円

建設現場で試験研究業務に専ら従事する場合の試験研究費

建設業では新技術の完成のため現地での実証実験等が重要なため、建設工事現場等で試験研究が数多く行われています。そのため、建設工事の施工とは明確に区分される試験研究で、研究所における実験等が物理的に困難な場合に、研究所機能を代替するものとして建設工事現場等を活用し、現地において専門的知識を持つ技術者が相当期間にわたり試験研究業務に専ら従事する場合には、これに要する人件費は試験研究費に含めても差し支えないとされています。

但し、その際には、現場技術者が試験研究に専ら従事していることについて、調査報告書や勤務報告書等により確認できるように整理しておく必要があります。

3　経費

一般的に、経費とは、旅費、外注費、光熱費、修繕費等が挙げられます。また、経費の中には減価償却費も含まれますが、本章では減価償却費は下記 **6** において区分して確認することにします。

経費だけに限りませんが、研究開発税制の試験研究費の対象となるものは、その事業年度の所得金額を計算するうえで損金の額に算入されるものに限られます（措法 42 の 4 ①)。つまり、会計上において費用計上されたものでも、税務上において損金不算入とされる部分は、試験研究費には該当しないことになります。

また、試験研究費の範囲にはいわゆる共通経費も含まれます。共通経費は、例えば、全般的な管理等に要する費用であっても、間接的にその製品の製造等に係る試験研究のためにも要する費用と考えられる場合には、これを一定の基準や方法によって、その試験研究のために要する費用として配賦することができます。但し、共通経費の配賦基準については、継続して同一の方法によって計算する必要があります（措通42の4（2）-2）。

短期前払費用として処理した経費の取扱い

もともと経費は、損金算入するための要件として、その事業年度終了の日までにその経費に係る債務が確定している必要があります（法法22③二）。但し、一定の契約に基づいて継続的に役務の提供を受ける場合において、前払費用として支払った金額のうち、その支払った日から1年以内に役務の提供を受けるときは、継続処理を要件にこれを短期前払費用として損金算入することが認められています（法基通2-2-14）。

この場合において、製品の製造等に係る試験研究のために要する費用のうち、短期前払費用として損金算入される経費については、これを試験研究費に含めて取り扱っても差し支えないと考えられます。

交際費・寄附金に損金不算入額が発生した場合

経費の中でも、税務上において損金不算入となり得るものの代表格として「交際費」と「寄附金」が挙げられます。

交際費は、いわゆる大法人の場合、原則としてその全額が損金不算入となりますが（措法61の4①）、中小法人は交際費の額のうち800万円以下の部分は損金算入されます（同法②）。中小企業者等に限っていえば、その事業年度（12か月の場合）の交際費の額が800万円以下であれば、全額損金算入されるため問題は生じませんが、例えば、800万円を超えるような場合で試験研究費の中に交際費が含まれているときは、その一部を試験研究費の額から除外する必要があるといえるでしょう。

また、寄附金の場合、国等に対するものについては、その全額が損金算入されるためこれも特に問題はないでしょう。これらは、大学や国の研究機関等との共同研究や試験研究を委託する際に発生することがあるかもしれません。但し、例えば、一般の寄附金や特定公益増進法人に対する寄附金が試験研究費に含まれるようなことがある場合に、これらのうちその事業年度において損金不算入額が発生したときには、その一部を試験研究費の額から除外する必要があるでしょう。

なお、試験研究費の額の中から損金不算入となるべき額を除外する場合の計算方法については、特に規定はありませんが、例えば、その損金不算入の対象となった金額の総額のうち試験研究費の額に算入した部分の占める割合によって計算すれば足りるのではないかと考えられます。

消耗品費等を貯蔵品に計上しない場合

研究開発を行っていくうえで、研究作業のため、手袋やウエス、グリス、潤滑油などの作業用消耗品を購入することも考えられますが、これらは本来、その事業年度中に消費した部分のみが損金算入の対象となり、試験研究費として算入することができる部分もこれに相当する部分となります。

但し、これら作業用消耗品も含め、事務用消耗品や包装材料などのうち、毎期概ね一定数量を購入し、これを経常的に消費していくような場合には、継続処理を要件に取得ベースで損金算入することも認められています（法基通 2-2-15）。このとき、試験研究費の額に含まれる部分は、本来あるべき処理による部分ではなく、通達上容認されているその損金算入された取得ベースの金額となります。

なお、作業用の工具や器具、備品は、その使用可能期間が１年未満であるものを除き、その取得価額がたとえ10万円未満であっても、通常はここでいうところの作業用消耗品には含まれないものと考えられています。

他社の機械装置を分解・改造した場合

製品の製造等に係る試験研究のために他社が製造した機械装置などを購入し、これを分解又は改造した場合、その購入目的はあくまでも研究のためであって、その資産の持つ機能による効用を受けるためではありません。つまり、分解等によって生じたそれぞれの部品等は、研究のための素材であって試験研究費に該当することになります。但し、これらが期末時点において資産価値を有すると認められる場合には、貯蔵品等に該当することから損金算入することができないため、試験研究費の額に含めることはできません。

研究段階で製作された試作品や模型について

研究の中途で製作した試作品や模型などについても、これが単なる試作品等でしかなく、資産価値を見出すことができないものであれば、完成品にも該当しないため、試験研究費として取り扱うことができるものと考えられます。但し、試作品等として広告のために使用されるなど、そこに機能価値があるならば固定資産として取り扱い、これを試験研究費の額に含めることはできません。

4　外部に委託して支払う費用

外部に委託して支払う費用には、外部委託研究費として、他の専門機関や大学、関係会社、業界団体などの外部機関に研究を委託して支払う費用が該当します。

なお、特別試験研究費に該当するもののうち、これをオープンイノベーション型の適用対象としなかった部分は、外部委託研究費として製品の製造等に係る試験研究のために要する費用に含めて取り扱うことができます。

5　組合より賦課される費用

製品の製造等に係る試験研究のために要する費用の中には、技術研究組合法９条１項の規定により賦課される費用が含まれています（措令27の４②三）。

技術研究組合は、産業活動において利用される技術に関する試験研究を協同して行うことを目的とする組合で（組合法3①）、組合は組合員のために試験研究を実施するとともにその成果を管理するほか、組合員に対し技術指導を行い、試験研究のための施設を使用させることができます（組合法6）。組合員は、その組合が行う試験研究の成果を直接又は間接に利用することができ（組合法5①）、これを実現するため、組合は組合員に対しその事業に要する費用を賦課することができます（組合法9）。

つまり、研究技術組合の組合員としてその事業に係る費用が賦課され、組合員たる法人がこれを負担した場合には、その負担した費用は、試験研究費に含むことができます。

なお、研究技術組合の組合員が協同して行う産業活動において利用される技術に関する試験研究で、その技術研究組合の定款若しくは規約又は事業計画において、その試験研究におけるその法人やそれ以外の組合員の役割分担とその内容、その試験研究の目的とその内容、実施期間その他実施場所が定められている場合の試験研究は、特別試験研究費に含めることができます。

6 減価償却費

減価償却費とは、法人が事業の用に供するために取得した固定資産について、その資産の減価の状況や事業の用に供した程度に応じて費用化した場合の、その費用をいいます。

税務上では、法定耐用年数に応じ、一定の償却方法によって計算した償却限度額に達するまでの金額のうち、償却費として損金経理した部分が損金算入されることになります（法法31①）。

このような減価償却費についても、これが製品の製造等に係る試験研究のために要する費用に該当するのであれば、これをその償却した事業年度の試験研究費として取り扱うことができます。

(1) 試験研究用資産に係る減価償却費

製品の製造等に係る試験研究のための用に供される減価償却資産（取得価額が10万円以上の固定資産とし、以下、「試験研究用資産」といいます）については、一般の減価償却資産の減価償却方法と何ら変わることなく、「減価償却資産の耐用年数等に関する省令」（昭和40年大蔵省第15号、以下、「耐用年数省令」といいます）に定める別表第一又は別表第二を適用して減価償却を行います。

減価償却費として税務上、損金算入される金額は、償却限度額を上限として、損金経理された部分になります。

そもそも試験研究費の額は、各事業年度の所得の金額の計算上、損金の額に算入される部分に限られているため、会計上処理された減価償却費について償却超過額が生じた場合の超過額の部分や、損金経理によらない償却費の額については、これを試験研究費の額に含めることはできません。

なお、減価償却超過額については、これが認容され損金算入される事業年度において試験研究費に該当するのであれば、その費用の額を試験研究費の額に含めることができます。

特別償却による償却費も試験研究費の対象に

租税特別措置法においては、政策的な観点から、一定の減価償却資産に対しては、普通償却限度額に加え、特別償却制度が講じられていますが、特別償却の方法としては、損金経理によることに代え、準備金方式による方法も認められています（措法 52 の 3）。

特別償却につき、これが損金経理により処理された場合には、その試験研究用資産に係る特別償却費に係る部分は試験研究費に含めることができます。しかし、準備金方式による方法によって処理された特別償却準備金の積立額は、損金経理による処理とはいえません。つまり、この場合にはこれを試験研究費の額に含めることができないため、注意が必要です（措法 42 の 4（2)-4)。

特別償却の重複適用は不可

法人が有する減価償却資産又は繰延資産について、次に掲げる租税特別措置法上の特別償却制度を適用しようとする場合において、これらのうち試験研究費として損金経理した部分が含まれるときは、研究開発税制と当該特別償却又は税額控除に関する制度は、それぞれ選択適用となります（措法 53 ②)。

- ▶ 沖縄特区において工業用機械を取得した場合の法人税額の特別控除（措法 42 の 9）
- ▶ 中小企業投資促進税制に係る特別償却又は法人税額の特別控除（措法 42 の 6）
- ▶ 国家戦略特区において機械等を取得した場合の特別償却又は法人税額の特別控除（措法 42 の 10）
- ▶ 国家戦略総合特区において機械等を取得した場合の特別償却又は法人税額の特別控除（措法 42 の 11）
- ▶ 地域未来投資促進税制に係る特別償却又は法人税の特別控除（措法 42 の 11 の 2）
- ▶ 地方拠点強化税制（オフィス減税）に係る特別償却又は法人税額の特別控除

（措法 42 の 11 の 3）

- ▶ 中小企業経営強化税制に係る特別償却又は法人税額の特別控除（措法 42 の 12 の 4）
- ▶ 5G 導入促進税制（措法 42 の 12 の 6）
- ▶ DX（デジタルトランスフォーメーション）投資促進税制に係る特別償却又は法人税の特別控除（措法 42 の 12 の 7 ①、②、④、⑤）
- ▶ CN（カーボンニュートラル）投資促進税制に係る特別償却又は法人税の特別控除（措法 42 の 12 の 7 ③、⑥）
- ▶ 特定設備の特別償却（措法 43）
- ▶ 港湾隣接地域における技術基準適合施設の特別償却（措法 43 の 2）
- ▶ 被災代替資産等の特別償却（措法 43 の 3）
- ▶ 関西文化学術研究都市の文化学術研究地区における文化学術研究施設の特別償却（措法 44）
- ▶ 中小企業防災・減災投資促進税制に係る特別償却（措法 44 の 2）
- ▶ 共同利用施設の特別償却（措法 44 の 3）
- ▶ 特定地域における工業用機械等の特別償却（措法 45）
- ▶ 医療用機器等の特別償却（措法 45 の 2）
- ▶ 障害者を雇用する場合の特定機械装置の割増償却（措法 46）
- ▶ 事業編成計画の認定を受けた場合の事業再編促進機械等の割増償却（措法46 の 2）
- ▶ 特定都市再生建築物の割増償却（措法 47）
- ▶ 倉庫用建物等の割増償却（措法 48）

一括償却資産と中小企業者の少額減価償却資産の特例について

その取得価額が 20 万円未満である試験研究用資産については、その資産に係る法定耐用年数にかかわらず、3 年間で償却することができます（法令 133 の 2）。

また、青色申告法人である中小企業者が取得した試験研究用資産のうち、その取得価額が 30 万円未満のものについては、その資産に係る法定耐用年数にかかわらず、その取得価額を即時で償却することもできます。但し、この場合のうち、その事業年度におけるこれらの取得価額の合計額が 300 万円を超えるときは、300 万円が限度となります（措法67の5）。

このように法定耐用年数による原則的な償却方法によらず、これら一括償却資産や少額減価償却資産の特例によって損金経理により償却費を計上する場合であっても、その償却費は税務上損金算入されるため、その償却費の額に相当する部分は、試験研究費の額に含まれることになります。

試験研究用資産を除却等した場合の取扱い

試験研究用資産に対し、その試験研究の継続過程において通常行われる取替えや更新に基づく費用の額は、試験研究費の額に含まれます。但し、試験研究用資産を除却又は譲渡したことにより発生する除却損又は譲渡損のうち、災害や研究項目の廃止等によって生じた臨時的、偶発的な費用の額は、試験研究費の額には含めることはできません（措通42の4（2）-5）。

(2) 開発研究用減価償却資産に係る減価償却費

上記（1）の試験研究用資産とは異なり、耐用年数省令においては、特殊減価償却資産の耐用年数として、研究開発の用に供されている減価償却資産（以下、「開発研究用減価償却資産」といいます）に係る耐用年数表が掲げられています（耐年令2二）。

ここでいう「開発研究」とは、新たな製品の製造若しくは新たな技術の発明又は現に企業化されている技術の著しい改善を目的として特別に行われる試験研究をいい（耐年令2二）、具体的には、次に掲げる試験研究をいいます（耐年通2-10-1）。

＜研究開発の意義＞

・　新規の原理の発見又は新規製品の発明のための研究

・　新規製品の製造、製造工程の創設又は未利用資源の活用方法の研究

・　上記の研究を基礎とし、これらの研究の成果を企業化するためのデータの収集

・　現に企業化されている製造方法その他の生産技術の著しい改善のための研究

開発研究用減価償却資産は主として開発研究のために使用されるものに限る

開発研究用減価償却資産とは、主として開発研究のために使用されている減価償却資産をいいます。そのため、他の目的のために使用される減価償却資産で、必要に応じて開発研究のために供されるものは、開発研究用減価償却資産には含まれません（耐年通 2–10–2）。

また、開発研究の用に供されている場合であっても、これが兼用となっている場合には、その用途への使用の度合いによってその適用の可否を判断することになります。

なお、開発研究用減価償却資産には、開発研究の用に供するために新たに取得された減価償却資産のほか、従来からその法人が有していた減価償却資産のうち他の用途から開発研究の用に転用されたものも該当することになります（耐年通 2–10–3）。

開発研究用減価償却資産の耐用年数表（耐年令別表第六）

開発研究用減価償却資産は、通常の資産に比べてその使用期間が短い傾向にあるため、**【図表 4–3】**のとおり、一般の減価償却資産よりも耐用年数は短くなっています。

【図表 4–3　開発研究用減価償却資産の耐用年数表】

種類	細目	耐用年数
建物及び建物附属設備	建物の全部又は一部を低温室、恒温室、無響室、電磁しゃへい室、放射性同位元素取扱室その他の特殊室にするために特に施設した内部造作又は建物附属設備	5年
構築物	風どう、試験水そう及び防壁	5年
	ガス又は工業薬品貯そう、アンテナ、鉄塔及び特殊用途に使用するもの	7年
工具		4年
器具及び備品	試験又は測定機器、計測機器、撮影機及び顕微鏡	4年
機械及び装置	汎用ポンプ、汎用モーター、汎用金属工作機械、汎用金属加工機械その他これらに類するもの	7年
	その他のもの	4年
ソフトウエア		3年

2 サービス開発に係る試験研究のために要する費用

サービス開発に係る試験研究のために要する費用は、**【図表 4-4】**のとおり、大きく分けて3つに区分できます。

なお、サービス開発は、第3章[2]において確認したとおり、「データ収集・取得」→「データ分析・法則発見」→「サービス設計」→「サービスの確認」のサービス設計工程の全てが実施される場合の試験研究になります。

【図表 4-4　サービス開発に係る試験研究のために要する費用】（第1章【図表 1-6】より）

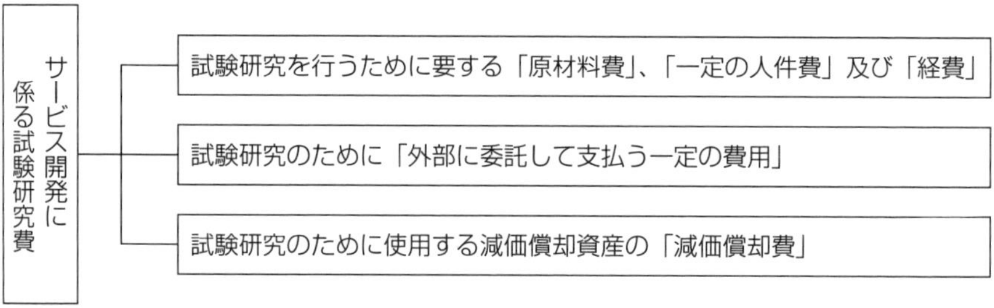

これらを踏まえ、**【図表 4-4】**に従い、それぞれの費用について、その内容を確認していきます。

1 原材料費

原材料費については、概ね[1]において確認したとおりですが、特に、サービス開発に係る試験研究のために要する費用という点に着目するならば、原材料費に該当するものとしては、具体的にはデータ購入費用などが挙げられます。

2 一定の人件費

サービス開発に係る試験研究のために要する費用のうち、人件費については、[1]

の人件費よりもさらに限定的となっており、一定の情報の分析を行うために必要な専門的知識をもって試験研究の業務に専ら従事する者に対するものに限られています。

試験研究費に含むことができる人件費の範囲は、専門的知識をもって試験研究の業務に専ら従事する者に係るものである点は[1]と同じですが、サービス開発に係る試験研究のために要する人件費は、「データ分析・法則発見」の段階におけるデータ分析を行うために必要な専門的知識を有する情報解析専門家に対する人件費に限られています。

ここでいう情報解析専門家とは、「データ収集・取得」の段階において収集した情報の解析に必要な確率論及び統計学に関する知識並びに情報処理に関して必要な知識を有すると認められる者をいい、データ分析は、これらの者によって情報の解析を行うための専用のソフトウエアを用いて行われることになります（措則20①）。

補助者等の人件費は対象外

サービス開発に係る試験研究のために要する費用のうち人件費の対象となるのは、サービス開発のために情報解析に専門的な知見を有して従事する情報解析専門家に係る費用に限定されています。そのため、これらの専門家を補助するための補助者のほか、サービス開発に係る企画部門やマーケティング部門に携わる者等への人件費も対象とはなりません。

3　経費

サービス開発に係る試験研究のために要する費用となる経費には、センサーやデバイスなどの情報の収集や蓄積に使用する機器等の購入費などのほか、パソコンやソフトウエアなどの解析に使用する機器等の購入費等が挙げられます。なお、これら機器等の取得価額が10万円以上の固定資産については、減価償却費として試験研究費に含まれることになります。

また、経費に中には「外注費」も含まれます。サービス開発に係る試験研究のために要する費用の中での外注費は、外注先における費用であっても外注元において対象となる費用の範囲と同じ範囲となります。さらに、外注先で再度外注先に支出される費用、つまり外注費の外注費は対象とはなりません。

4 外部に委託して支払う一定の費用

サービス設計工程においては、法人がその全部又は一部を委託により行うかどうかは問われていません。つまり、外部に委託した部分があってもその部分は試験研究費の対象となります。

なお、この場合の委託費用については、委託先における原材料費や人件費（情報解析専門家に係るものに限られます）、経費に相当する部分が試験研究費の対象となります。そのため、委託先において行われる研究開発については、自社で行う場合と同等の費用区分での管理が必要といえます。

また、サービス開発を大学や国の試験研究機関等と共同で行う場合の試験研究費については、特別試験研究費の要件を満たす場合には、オープンイノベーション型を適用することができます。

3 特別試験研究費

オープンイノベーション型を適用する場合の試験研究費は、特別試験研究費に該当するものとして一定の手続きが必要になります。

オープンイノベーション型を適用するに当たっては、共同研究又は委託研究を行う相手先が国の定める特別研究機関等かそれ以外かによって、以下のとおり、必要な手続きが異なります。

(1) 特別研究機関等の場合

・　共同研究又は委託研究の契約書に必要な事項を記載すること

・　共同研究又は委託研究を行う相手先から、特別試験研究費の額に関する認定を受けること

・　税務申告に当たり、確定申告書等に認定書の写しを添付すること

(2) 特別研究機関等以外の場合

・　共同研究又は委託研究の契約書に必要な事項を記載すること

・　専門家による特別試験研究費の額に関する監査を受けること

・　共同研究又は委託研究を行う相手先から、特別試験研究費の額に関する確認を受けること

・　税務申告に当たり、確定申告書等に監査報告書及び確認報告書の写しを添付すること

なお、契約書に記載されるべき内容や認定を受けるための手続き、監査報告書や確認報告書の様式等は、「特別試験研究費税額控除制度ガイドライン」（経済産業省）に従い進めていくことになります。

これら必要な手続きを整備したうえで、共同試験研究又は委託試験研究として特別試験研究費の対象となるものは、自社が相手先に支払った額そのものとなるわけ

ではありません。つまり、相手先がその試験研究のために支出した、原材料費や人件費、経費等のうち自社が負担した部分とされており、これには間接経費も含まれます。

特別試験研究費の額については、相手方に対象費用の額の確認を受ける必要がありますが、これらは費用の額として集計表の確認を行えば足り、領収書等の書類を1つ1つ突合する必要はありません。

特別試験研究費の額について、オープンイノベーション型の控除上限額を超えた場合には、その超える部分については、中小企業技術基盤強化税制又は一般型の試験研究費の額に含めることができます。

4 他の者から支払を受ける金額

ここまで確認してきた試験研究費の額については、これらのうちにその試験研究の費用に充てるために他の者から支払を受ける金額がある場合には、その金額については、これを試験研究費の額に含めることはできません。

つまり、実際の試験研究費の総額から他の者より支払いを受けた金額を控除した金額が試験研究費の額となり、法人自らが実質的に負担する費用の部分だけが試験研究費の額として研究開発税制の対象になるということになります。

そこで、ここからは試験研究費の額に含めることができない「他の者から支払を受ける金額」の範囲について確認します。ここでいう、他の者から支払を受ける金額には、次のような金額が含まれることになります（措通42の4（2)-1)。

① 国等からその試験研究費の額に係る費用に充てるため交付を受けた補助金

② 国立研究開発法人科学技術振興機構と締結した新技術開発委託契約に定めるところにより、同機構から返済義務の免除を受けた開発費の額（この免除とともに金銭の支払いをした場合には、その支払った金銭は控除することになります）から引き渡した物件の帳簿価額を控除した金額

③ 委託研究費の額

圧縮記帳した場合の圧縮損は試験研究費へ

法人税法42条1項に規定する「国庫補助金等で取得した場合の固定資産等の圧縮額の損金算入」の適用を受ける場合には、補助金等を充てて取得した固定資産等の取得価額は、その補助金相当額まで圧縮記帳することが認められ、このとき会計上では圧縮損が計上されます。

試験研究費の額を計算するうえでは、例えば、試験研究用の固定資産等の取得に対して交付を受けた国庫補助金等の額をそのまま試験研究費の額から控除すれば、まだ試験研究費として費用化されていない未償却部分も含めて控除してしまうことになるため、損金の額に算入された圧縮損相当額は試験研究費の額に加算すること

になります（措通42の4（2)-1（注）2)。こうすることで、国庫補助金の交付があっても圧縮年度の試験研究費の額に影響を及ぼすことはありません。

なお、圧縮記帳を行わなかった場合や圧縮限度額まで圧縮記帳を行わなかった場合には、試験研究費の額から控除される国庫補助金等の金額が試験研究費の額に加算できる圧縮損の金額より多くなるため、試験研究費の額は減少することになります。

国庫補助金等を特別勘定で経理した場合

国庫補助金等については、その交付を受けた事業年度末までにその返還を要しないことが確定するとは限りません。このとき、法人税法43条1項に規定する「国庫補助金等に係る特別勘定の金額の損金算入」の適用により、その補助金相当額に対し特別勘定として経理することができ、その経理した金額は、以下の仕訳例のとおり、その事業年度の損金の額に算入することができます。

＜特別勘定を適用した場合の会計の仕訳例＞

・　補助金等の交付を受けた時

（現預金）　×××／（国庫補助金等収入）　×××

・　特別勘定の繰入処理

（国庫補助金等特別勘定繰入）×××／（国庫補助金等特別勘定）×××

このとき、その事業年度においては、交付を受けた国庫補助金等について返還を要しないことが確定していないため、その事業年度の試験研究費の額からは、この交付を受けた国庫補助金等の金額は控除しません。

なお、翌事業年度以降において、既に交付を受けた国庫補助金等について返還を要しないことが確定した場合には、その交付を受けた事業年度において特別勘定を益金算入することになります。その際、その益金に算入する金額をその交付を受けた事業年度の試験研究費の額から控除することになりますが（措通42の4（2)-1（注）1)、これにあわせ法人税法44条1項に規定する「特別勘定を設けた場合の国庫補助金等で取得した固定資産等の圧縮額の損金算入」を適用して取得した固定資産等の取得価額を圧縮記帳することにより計上される圧縮損は、その交付を受けた事業年度の試験研究費の額に加算します。

新技術開発委託契約による債務免除益

「他の者から支払を受ける金額」の中には、他の者からの借入金は含まれません。国立研究開発法人科学技術振興機構による新技術開発委託契約では、法人が新技術の開発を実施する際、その開発費を一種の融資のような形で支出し、これが成功した場合には、その開発費を返還させることとしています。

つまり、開発が失敗に終われば、開発費により取得した物品を引き渡すとともに、引渡しが困難な部分はこれを金銭に代えて返還する必要があります。しかし、それ以外の部分は返還不要ということになり、これによって債務免除益が認識されますが、この免除益部分は、他の者から支払いを受けた部分に相当するため、これについてはその免除を受けた事業年度の試験研究費の額から控除することになります。

試験研究の受託法人が受けた委託研究費は委託法人の研究開発費となる

他の者から支払を受ける金額のうち、上記③「委託研究費の額」は、他の者から試験研究を受託した場合に、その対価として受領した部分として、委託した者にとっての委託研究費の額となります。

よって、試験研究のために他の者に委託研究費を支出する場合、委託法人側ではその支出した委託研究費の額は委託法人の試験研究費の額となり、受託法人側ではその受けた委託研究費の額は他の者から支払いを受ける金額として受託法人の試験研究費の額からは控除されます。

第 5 章

事業別にみる事例

本章では、事例によって研究開発税制の適用の流れについて具体的に確認していくことにします。研究開発税制では、税額控除割合や控除上限額に上乗せ措置が講じられているため、各事例においても、その適用の可否について検討することにします。

なお、各種事例における研究開発税制の適用対象は中小企業者等とし、適用する税制は中小企業技術基盤強化税制に限定しています。

各事例における中小企業者の業種と、それぞれの事例において算入する試験研究費の費目や上乗せ措置の適用の状況を一覧にまとめると、以下のとおりとなります。

事例	業種	試験研究費の費用					上乗せ措置				
		原材料費	人件費	経費	減価償却費	特別試験研究費	税額控除割合		控除上限額		
							増減試験研究費割合	試験研究費割合	増減試験研究費割合	試験研究費割合	コロナ特例
事例1	卸売業	○	○	○	○	—	×	×	×	×	×
事例2	製造業	○	○	○	○	—	○	○	○	○	×
事例3	化学工業	○	○	○	○	—	○	×	○	×	○
事例4	建設業	○	○	○	○	○	○	×	○	×	×
事例5	製造業	○	○	○	※サービス開発に係る試験研究		×	○	×	○	×
事例6	貨物運送業	—	○	○	—	—	×	×	×	×	×
事例7	建設業	○	○	○	○（特別償却）	—	○	×	○	×	×
事例8	製造業	○	○	○	○	—	○	×	○	×	×

1 事例1 中小企業技術基盤強化税制（加工食品卸売業）

A株式会社（以下、「A社」といいます）は、加工食品の製造を営む、資本金50,000千円、3月決算の青色申告法人で、中小企業者等に該当します。

A社では、地元のスーパーマーケットやコンビニエンスストアを中心に弁当や惣菜を製造し、各店舗に工場から出荷しています。また、新作メニューの開発に向けて、本社内に商品開発部を設置したことで売上は順調に伸びています。商品開発に関しては、近年では飲食店等向けに高品質の冷凍食品の開発にも力を入れており、特に当期（×1年3月期）はSDGsへの取組みの一環としてフードロスへの対応を目指し、長期冷凍保存食品の技術開発（以下、本設例において「当プロジェクト」といいます）を行いました。

当期中の当プロジェクトは、栄養士や食品工学などの専門的知識をもった商品開発部の従業員によって進められましたが、人員不足ということもあり、新作メニューの開発を兼務しながら取り組んでいます。

技術開発そのものがA社にとっては新たな取組みであったため、今後の技術開発の参考になるよう、当プロジェクトの工程表を整備し、各担当者の勤務記録も管理しています。

なお、A社における当プロジェクトに要した費用の内容は、次のとおりです。

1　研究開発等に係る費用の概要

- 売上原価の中には、当プロジェクトに係る食材やその食材を冷凍食品にするために適した食品添加物等を含め、材料仕入として1,500,000円が含まれています。
- 給料手当などのうち、当プロジェクトに携わった各担当者に係る人件費については、次の工程表のとおりですが、開発中の各フェーズにおいては、工場長であるOを除いては、各担当者が専属的に従事しています。

【当プロジェクトに係る工程表（第4章【事例4-2】再掲）】

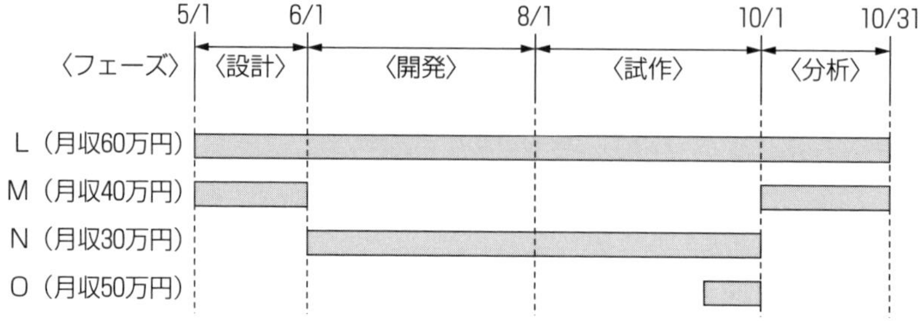

L：プロジェクトリーダーのため当プロジェクトの全期間に従事

M：
N：｝当プロジェクト参加時には各フェーズに専属的に従事

O：試作最終段階に製造ラインの確認のため視察

・　販売費及び一般管理費の中には、当プロジェクトのために準備した鮮度計測器や糖度計、水分計測のためのデジタル測定機器などの軽微な工具類（全て単価10万円未満のもの）やトレイ等の消耗品などが400,000円含まれています。その他、商品開発部の諸経費等が含まれていますが、A社ではこれら共通経費のうち当プロジェクトに係る部分については明確に区分できていません。

・　減価償却費の中には、当プロジェクトにおいて使用するために当期5月に購入した小型の瞬間凍結機（取得価額1,200,000円、耐用年数6年、200％定率法、償却率0.333）に係る部分が含まれています。この瞬間凍結機は、当プロジェクトでは最低でも＜開発＞及び＜試作＞の各フェーズで使用しており、使用後は商品開発部における新作メニュー開発の保存用として利用するつもりです。

2　当期の状況

・　調整前法人税額（別表一「2」の金額）……6,000,000円

A社では、これまで開発といえば新作メニューの開発しか実施してこなかったため、研究開発税制を活用することはありませんでしたが、当プロジェクトでは研究開発税制を適用することができるのでしょうか。また、これを適用す

ることができる場合、税額控除の計算方法はどのようになりますか。

1　研究開発税制への適合の可否

研究開発税制が適用される試験研究のうち、製品の製造等に係る試験研究は自然科学に係るものに限られますが、当期にA社が実施した当プロジェクトの内容は食品の加工や保存を効率的に行うための「食品工学」の一分野といえ、その活動は自然科学に係る試験研究に該当するといえるでしょう。

よって、A社が行った冷凍技術の開発は、製品の製造等に係る試験研究のうち技術の改良に係る試験研究に該当し、これらのために要する費用は、研究開発税制における試験研究費に該当するものと考えられます。

なお、これまでA社が行ってきた新作メニューの開発は、単に食材の組み合わせによる試作活動であって、その研究は自然科学に係るものとはいえないでしょう。

2　試験研究費の額の計算

試験研究を行うために要する原材料費、人件費及び経費は、製品の製造等に係る試験研究のために要する費用として試験研究費に含めることができます。

本設例において、当期のA社の試験研究費は次のとおりです。

(1) 原材料費

本設例より、材料仕入に含まれている当プロジェクトのために要した食材や、各種食材を冷凍食品にする場合に適した食品添加物を選定するために要した費用(1,500,000円)は、製品の製造等に係る試験研究のために直接要する費用として試験研究費に該当するといえるでしょう。

よって、A社の当期の試験研究費の額に含まれる原材料費の額は、次のとおりです。

原材料費＝1,500,000円

(2) 人件費

本設例のとおり、当プロジェクトにおいては工程表が整備されているため、これに基づいて人件費を算定していくことになります。工程表から、下記のとおりL、M及びNは、いわゆる「専ら」要件をクリアしているといえます。

L：研究プロジェクトの全期間にわたり研究プロジェクトの業務に従事

M：全期間にわたり研究プロジェクトの業務に従事するわけではないが、研究プロジェクト計画におけるフェーズのうち、その者が専門的知識をもって担当業務に、当該担当業務が行われる期間、専属的に従事

N：上記と同じ

なお、Oは＜試作＞の最終段階において、製造工程を確認するため、数回本社に視察で訪れているだけであるため、その従事期間がトータルとして相当期間（概ね1か月（実働20日程度）以上）あるとはいえず、Oの人件費は試験研究費には含めることができません。

よって、A社の当期の試験研究費の額に含まれる人件費の額は、次のとおり計算されます（第4章 1 2 **(3)【事例】**参照）。

L：60万円×6か月＝360万円

M：40万円×1か月＋40万円×1か月＝80万円

N：30万円×4か月＝120万円

O：0円

人件費＝L＋M＋N＋O＝5,600,000円

(3) 経費

試験研究費となる経費には、その製品の製造等に係る試験研究のために直接要する費用のほか、間接的に要する共通経費も含めることができます。

まず、当プロジェクトのために購入した工具類や消耗品は、試験研究のために直接要する費用として試験研究費に該当します。

次に、共通経費については、これを試験研究費に含める場合、その配賦基準について継続して同一の方法により計上する必要があり、また、その配賦基準は合理的な判断に基づくものである必要があると考えられます。A社では、共通経費のうち

当プロジェクトに係る部分として明確な配賦基準が確立されていないため、当期の試験研究費に共通経費を加味することはできません。

よって、A 社の当期の試験研究費の額に含まれる経費の額は、次のとおりです。

経費＝400,000 円

(4) 減価償却費

試験研究費に含めることができる減価償却費は、試験研究用資産の減価償却費とされています。

本設例では、当プロジェクトのために瞬間凍結機を取得しています。しかし、当プロジェクトは事業年度を通じて行われたものではなく、また、プロジェクト終了後、この瞬間凍結機は他の試験研究用として使用する予定ではないため、これに係る減価償却費を当期の試験研究費に含めることができるのかどうか疑義が生じます。

この点、減価償却費はあくまでも経費の一部であり、また試験研究費には共通経費を含めることができるため、少なくとも当プロジェクトに使用された瞬間凍結機の使用期間に応じて算定した減価償却費を試験研究費に含めることができるでしょう。

このように考えれば、本設例では、瞬間凍結機は工程表の＜開発＞段階と＜試作＞段階の少なくとも合計 4 か月分の減価償却費の額（1,200,000×0.333×4 月／12 月＝133,200 円）を試験研究費の額に含めることができます。

よって、A 社の当期の試験研究費の額に含まれる減価償却費の額は、次に掲げる金額となります。

減価償却費＝133,200 円

(5) 当期における試験研究費の額

上記より、当期の試験研究費の額は、次のとおりとなります。

(1)＋(2)＋(3)＋(4)＝7,633,200 円

3　法人税の額から控除される金額の計算

A社は、本設例のとおり、中小企業者等に該当するため、研究開発税制を適用する場合には「中小企業技術基盤強化税制」を適用することができます。

本設例において、中小企業技術基盤強化税制を適用する場合の税額控除割合と中小企業者等控除上限額の計算は、次のとおりとなります。

(1) 税額控除割合の計算

中小企業技術基盤強化税制における税額控除割合は、恒久措置として一律12％となります。また、一定の要件に該当する場合には、①増減試験研究費割合による上乗せ措置や②試験研究費割合による上乗せ措置を検討することができます。なお、①と②の上乗せ措置は併用することができます。

①　増減試験研究費割合による上乗せ措置

A社は過年度において研究開発税制を適用していません。そのため、増減試験研究費割合の計算要素である比較試験研究費の額はゼロとなり、増減試験研究費割合による上乗せ措置を適用することはできません。

②　試験研究費割合による上乗せ措置

①と同様に、A社では過年度において研究開発税制を適用していません。そのため、たとえ過年度の売上高を集計して平均売上金額を計算することができたとしても、試験研究費割合による上乗せ措置を適用することはできません。

③　A社の税額控除割合

①、②より、当期においてA社が中小企業技術基盤強化税制を適用する場合の税額控除割合は、それぞれの上乗せ措置を適用することができず、恒久措置のみの12％ということになります。

(2) 中小企業者等控除上限額の計算

中小企業技術基盤強化税制における中小企業者等控除上限額は、恒久措置として調整前法人税額の25％相当額となります。

また、上記(1)税額控除割合と同様に、一定の要件に該当する場合には、①増減試験研究費割合による上乗せ措置、又は②試験研究費割合による上乗せ措置を検討することができます。中小企業者等控除上限額においては、①と②は選択適用となります。

① 増減試験研究費割合による上乗せ措置

(1)で確認したように、A社の比較試験研究費の額はゼロとなるため、中小企業者等控除上限額についても増減試験研究費割合による上乗せ措置を適用することはできません。

② 試験研究費割合による上乗せ措置

①と同様に、A社の比較試験研究費の額はゼロとなるため、中小企業者等控除上限額において試験研究費割合による上乗せ措置を適用することができません。

③ A社の中小企業者等控除上限額

①、②より、当期においてA社が中小企業技術基盤強化税制を適用する場合の中小企業者等控除上限額は、それぞれの上乗せ措置を適用することができず、恒久措置のみの調整前法人税額の25％相当額になります。

4 適用のための手続き

A社が中小企業技術基盤強化税制を適用するためには、当期の法人税の申告において「中小企業者等の試験研究費に係る法人税額の特別控除に関する明細書」(別表六(九))を添付する必要があります。

ここでは、本設例を使って別表(後掲)の各欄の記載方法について確認します。

「1」欄には、試験研究費の額を記載します。試験研究費の額の中に特別試験研究費の額が含まれている場合であっても、ここには特別試験研究費の額も含めて記載します。本設例では2で集計した試験研究費の額「7,633,200」円を記載します。

「2」欄は、「1」欄のうち特別試験研究費以外の金額を記載します。本設例の試験研究費の額に特別試験研究費の額は含まれていないため、「1」欄と同じ「7,633,200」円と記載します。

「3」欄は、「1」欄の試験研究費の額の中に特別試験研究費の額が含まれている場合に、これをオープンイノベーション型として申告しなかった部分のうち中小企業技術基盤強化税制の試験研究費として申告する場合の、その特別試験研究費の額を記載します。本設例では特別試験研究費の額がないため、ここは空欄又は「0」円を記載します。

これら「2」欄と「3」欄を合計した「4」欄の金額が中小企業技術基盤強化税制を適用する場合の控除対象試験研究費の額ということになります。本設例では、7,633,200円+0円=「7,633,200」円が控除対象試験研究費の額となります。

「5」欄～「7」欄では増減試験研究費割合を計算します。税額控除割合について増減試験研究費割合による上乗せ措置が適用できるかどうかを検討することになりますが、A社ではこれまで研究開発税制を適用したことがないため比較試験研究費の額がゼロとなり、増減試験研究費割合による上乗せ措置を適用することができません。よって、本設例ではここは空欄となります。

「8」欄～「9」欄では試験研究費割合を計算します。税額控除割合について試験研究費割合による上乗せ措置が適用できるかどうかを検討することになりますが、上記と同様にA社ではこれまで研究開発税制を適用したことがないため比較試験研究費の額がゼロとなり、試験研究費割合による上乗せ措置を適用することができません。よって、ここも本設例では空欄となります。

「10」欄～「12」欄では、中小企業技術基盤強化税制による中小企業者等税額控除限度額（以下、「税額控除限度額」といいます）を算定するうえでその計算要素となる税額控除割合を計算します。まず「10」欄で増減試験研究費割合による上乗せ措置を適用した後の税額控除割合を計算しますが、本設例では増減試験研究費割合による上乗せ措置を適用することができないため、これらの各欄は空欄となります。

「13」欄では、当期の試験研究費の額に税額控除割合を乗じた税額控除限度額を計算します。本設例の場合、7,633,200円×0.12=「915,984」円となります。なお、ここで小数点以下の金額が生じた場合には、これを切り捨てます。

「14」欄～「18」欄では、中小企業者等控除上限額（以下、「控除上限額」といいます）を計算します。まず、「14」欄には調整前法人税額を記載します。A社は普通法人に該当するため、ここは法人税申告書別表一の「2」欄の金額を転記することになりますが、本設例では「6,000,000」円となります。次に「15」欄～「17」欄において控除上限額の上乗せ措置を検討します。A社はこれまで研究開発税制を適用したことがないため比較試験研究費の額がゼロとなり、増減試験研究費割合による上乗せ措置を適用することができず、また試験研究割合による上乗せ措置を適用することはできません。さらに、A社の売上は近年順調に伸びているとのことからコロナ特例による上乗せ措置も適用できないため、本設例において控除上限額を計算するうえで適用できる割合は恒久措置の25％となり、「18」欄は6,000,000円×0.25＝「1,500,000」円と記載します。

「19」欄は、「13」欄と「18」欄の金額を比較し、いずれか少ない金額を記載します。本設例では、915,984円（「13」欄）＜1,500,000円（「18」欄）となり、「915,984」を記載します。

「20」欄は、例えば、A社が一の事業年度において租税特別措置法における特別税額控除制度のうち2以上の規定の適用を受ける場合、「当期税額控除可能額」の合計額が適用年度の調整前法人税額の100分の90を超えるときは、その超える部分の金額については当期において控除することができません。なお、このような場合には、その控除可能期間が長いものから控除しないものを順次選択していくことになりますが、本設例ではA社は他の税制上の優遇措置の適用を受けないこととして、ここは「0」円とします。

「21」欄には「19」欄から「20」欄の金額を控除した「915,984」円（＝915,984円－0円）を記載します。つまり、当期、A社が適用を受けることができる中小企業技術基盤強化税制における税額控除の金額は、915,984円となります。

別表六(九)　令三・四・一以後終了事業年度分

中小企業者等の試験研究費に係る法人税額の特別控除に関する明細書

事業年度	×0．4．1 ×1・3・31	法人名	A株式会社

	試験研究費の額	1	7,633,200 円
控除対象試験研究費の額の計算	同上のうち特別試験研究費以外の額	2	7,633,200
控除対象試験研究費の額の計算	(1)のうち中小企業者等の試験研究費に係る税額控除の対象とする特別試験研究費の額	3	0
控除対象試験研究費の額の計算	控除対象試験研究費の額 (2)＋(3)	4	7,633,200
増減試験研究費割合の計算	比較試験研究費の額 (別表六(十)「5」)	5	
増減試験研究費割合の計算	増減試験研究費の額 (1)－(5)	6	
増減試験研究費割合の計算	増減試験研究費割合 $\frac{(6)}{(5)}$	7	
試験研究費割合の計算	平均売上金額 (別表六(十)「10」)	8	円
試験研究費割合の計算	試験研究費割合 $\frac{(1)}{(8)}$	9	
税額控除割合の計算	割増前税額控除割合 $\frac{12}{100}+((7)-\frac{8又は9.4}{100})\times(0.3又は0.35)$ (0.12未満の場合、(5)＝0の場合又は設立事業年度の場合は0.12)	10	
税額控除割合の計算	(9)＞10％の場合の控除割増率 $((9)-\frac{10}{100})\times0.5$ (0.1を超える場合は0.1)	11	
税額控除割合の計算	税額控除割合 (10)＋(10)×(11) (小数点以下3位未満切捨て) (0.17を超える場合は0.17)	12	

		中小企業者等税額控除限度額 (4)×((12)又は0.12)	13	915,984 円
		調整前法人税額 (別表一「2」又は別表一の三「2」若しくは「14」)	14	6,000,000
当期税額基準額の計算	令和5年3月31日以前に開始する事業年度の場合	(7)＞8％又は(7)＞9.4％の場合	15	0.35
当期税額基準額の計算	令和5年3月31日以前に開始する事業年度の場合	(9)＞10％の場合の特例加算割合 $((9)-\frac{10}{100})\times2$ (小数点以下3位未満切捨て) (0.1を超える場合は0.1)	16	
当期税額基準額の計算	令和5年3月31日以前に開始する事業年度の場合	基準年度比売上金額減少割合≧2％の場合の特例加算割合 (別表六(十一)「11」)	17	
当期税額基準額の計算		当期税額基準額 (14)×(((15)、(0.25＋(16))又は0.25)＋(17))	18	1,500,000 円
		当期税額控除可能額 ((13)と(18)のうち少ない金額)	19	915,984
		調整前法人税額超過構成額 (別表六(六)「7の②」)	20	0
		法人税額の特別控除額 (19)－(20)	21	915,984

2 事例2 中小企業技術基盤強化税制における上乗せ措置（製造業）

株式会社Ｂ（以下、「Ｂ社」といいます）は、精密機械部品の製造を営む、資本金90,000千円、８月決算の青色申告法人で、中小企業者等に該当します。

Ｂ社では、自動車メーカー向けに各種部品の製造を行っています。特に自動車部品についてはこれまで長寿命に向けて研究開発を繰り返してきましたが、近年は高耐熱でありながらも低摩擦で低摩耗による表面損傷の低減を目指した、いわゆるトライボロジーの研究開発に取り組んでいます。

Ｂ社では、こうした自動車部品の自社開発のため、機械工学の専門的知識をもった従業員が３名所属する開発部門を専門部署として工場の一部に設置し、省エネルギーや省資源、低炭素社会の実現に向けた研究開発を常時行っています。

なお、Ｂ社における当期（×４年８月期）の開発部門での研究開発のための費用は次のとおりで、これまでも決算整理において、それぞれ試験研究費に該当するものは「研究開発費」に振替えています。

1　研究開発等に係る費用の概要

- 材料費には、鋼材や鋼板、ステンレス鋼などの開発用の材料のほか、グリースや潤滑油を自社開発するための原料など500,000,000円が含まれています。
- 労務費には、開発部門に所属している３名の従業員に係る給与手当や中退共の掛金、通勤手当が23,000,000円含まれています。
- 経費については、開発部門で研究開発の用に供している特殊機械の修繕費として3,200,000円生じています。また、研究開発部門に係る直接経費として通信費や交通費、10万円未満の消耗品など1,500,000円が計上されています。それ以外に、開発部門がある工場に係る経費のうち光熱費

30,000,000円と固定資産税5,000,000円を毎期継続して床面積（10分の1）で按分し、これらを共通経費としています。また、試作品のデータ分析のため、外注費として28,000,000円を計上しています。

・　減価償却費の中には、研究開発の用に供している機械装置やCADソフト、その他パソコン等の器具備品に係るものとして22,500,000円が含まれています。また、工場の減価償却費が20,000,000円含まれているため、この減価償却費についても開発部門の床面積で按分することにしています。

2　過年度の状況

B社の当期以前3事業年度の試験研究費の額及び売上金額の状況は以下のとおりとなっています。

	試験研究費の額	売上金額
×3年8月期（前期）	520,000,000	5,250,000,000
×2年8月期（前々期）	495,000,000	5,150,000,000
×1年8月期（前前々期）	455,000,000	5,000,000,000

3　当期の状況

・　調整前法人税額（別表一「2」の金額）……73,500,000円
・　当期の売上金額……………………………5,300,000,000円

B社はこれまでも研究開発に係る費用に対しては中小企業技術基盤強化税制を適用して税額控除を受けてきました。当期の試験研究費の額は前期までの金額に比べ増加しているため、中小企業技術基盤強化税制に係る税額控除の計算においては税額控除割合に対し上乗せ措置を適用することができるかと思うのですが、いかがでしょうか。

1　研究開発税制への適合の可否

研究開発税制が適用される試験研究のうち、製品の製造等に係る試験研究は自然科学に係るものに限られますが、B社が近年実施しているトライボロジーの研究開

発は「機械工学」の一分野といえ、その活動は自然科学に係る試験研究に該当するといえるでしょう。

よって、B社の研究開発は、製品の製造等に係る試験研究のうち新製品の製造に係る試験研究に該当し、これらのために要する費用は、研究開発税制における試験研究費に該当するものと考えられます。

また、研究開発税制の適用においては、一定の要件に該当すれば、税額控除割合だけではなく、控除上限額においても上乗せ措置を適用することができるでしょう。

2 試験研究費の額の計算

試験研究を行うために要する原材料費や人件費、外注費を含む諸経費は、製品の製造等に係る試験研究のために要する費用として試験研究費に含めることができます。

本設例において、当期のB社の試験研究費は次のとおりです。

(1) 原材料費

本設例より、材料費に含まれているさまざまな素材の開発用材料や自社開発のためのグリースや潤滑油などの原料に要した費用（500,000,000円）は、製品の製造等に係る試験研究のために直接要する費用として試験研究費に該当します。

よって、B社の当期の試験研究費の額に含まれる材料費の額は、次のとおりです。

材料費＝500,000,000円

(2) 人件費

本設例のとおり、B社の開発部門は製品の研究開発を目的に設置された専門部署であるため、当部門に所属する従業員は自社製品の試験研究に専属的に従事する者として、いわゆる「専ら」要件はクリアすることになります。本設例では、これら開発部門に所属している3名に係る給与手当のほか、中退共の掛金や通勤手当についても試験研究費に含めることができるでしょう。

よって、B社の当期の試験研究費の額に含まれる人件費の額は、次のとおりです。

人件費＝23,000,000円

(3) 経費

試験研究費となる経費には、その製品の製造等に係る試験研究のために直接要する費用のほか、間接的に要する共通経費も含めることができます。

まず、開発部門において研究開発の中で生じた特殊機械の修繕費（3,200,000円）や諸経費（1,500,000円）のほか、データ分析のための外注費（28,000,000円）は、試験研究のために直接要する費用として試験研究費に該当します。

次に、共通経費は、これを試験研究費に含める場合、その配賦基準については継続して同一の方法により計上する必要があり、また、その配賦基準は合理的な判断に基づくものである必要があると考えられます。本設例の場合、開発部門は工場内部に設置されており、その床面積は工場全体の10分の1であるため、工場全体で要する電力料金や固定資産税に対して床面積で按分する方法は、配賦基準としては非合理的ではないと考えられます。なお、配賦基準は本設例のように統一的である必要はなく、それぞれの経費ごとに配賦基準を定めることの方が、むしろより妥当的な処理といえるでしょう。

よって、B社の当期の試験研究費の額に含まれる経費の額は、次のとおり計算されます。

経費＝3,200,000円＋1,500,000円＋28,000,000円＋30,000,000×1/10
＋5,000,000×1/10＝36,200,000円

(4) 減価償却費

試験研究費に含めることができる減価償却費は、試験研究用資産に対する減価償却費とされています。本設例の場合、研究開発の用に直接供している機械装置やCADソフトのほか、器具備品や工具類に係る減価償却費（22,500,000円）は試験研究費に含まれます。

また、本設例の場合、開発部門が工場内に設置されていますが、減価償却費は経費の一部といえるため、工場の減価償却費の一部を共通経費として試験研究費に含

めることができるでしょう。この場合の配賦基準も上記（3）経費の配賦基準と同様に、床面積による按分であっても特に問題はないといえます。

よって、B社の当期の試験研究費の額に含まれる減価償却費の額は、次のとおり計算されます。

「減価償却費」＝22,500,000円＋20,000,000円×1/10＝24,500,000円

(5) 当期における試験研究費の額

上記より、当期の試験研究費の額は、次のとおりとなります。

(1)＋(2)＋(3)＋(4)＝583,700,000円

3 法人税の額から控除される金額の計算

B社は、本設例のとおり、中小企業者等に該当するため、研究開発税制を適用する場合には「中小企業技術基盤強化税制」を適用することができます。

本設例においては、前期以前の試験研究費の額に比べ当期の試験研究費の額は増加しているため、税額控除割合だけに限らず中小企業者等控除上限額についても恒久措置に加え上乗せ措置を適用する余地があるといえます。

そこで、B社が中小企業技術基盤強化税制を適用するに当たり、税額控除割合と中小企業者等控除上限額の上乗せ措置の適用について検討してみます。

(1) 税額控除割合の計算

中小企業技術基盤強化税制における税額控除割合は、恒久措置として一律12％となりますが、時限措置（令和5年3月31日までに開始する事業年度）として、一定の要件に該当する場合には、①増減試験研究費割合による上乗せ措置や②試験研究費割合による上乗せ措置を適用することができます。なお、①と②の上乗せ措置はそれぞれ併用することができます。

①　増減試験研究費割合による上乗せ措置

中小企業技術基盤強化税制では、増減試験研究費割合が9.4％を超える場合、税額控除割合について上乗せ措置を適用することができます。

増減試験研究費割合とは、当期の試験研究費の額が過去3事業年度の試験研究費の額の平均（比較試験研究費）を超える場合のその増加割合をいい、次の算式により計算します。

$$\text{増減試験研究費割合} = \frac{\text{当期の試験研究費の額} - \text{比較試験研究費の額}}{\text{比較試験研究費の額}}$$

これを本設例の「2　過年度の状況」から具体的に当てはめてみると、B社の当期における増減試験研究費割合は、次のとおり9.4％を超えるため、増減試験研究費割合による上乗せ措置を適用することができます。なお、ここでは小数点以下の端数処理は行いません。

$$\text{増減試験研究費割合} = \frac{93{,}7000{,}000\text{円}\ (=583{,}700{,}000\text{円} - 490{,}000{,}000\text{円})}{490{,}000{,}000\text{円}^{(※)}}$$

$$= 0.19122448\cdots > 9.4\ \%$$

（※）比較試験研究費の額＝(520,000,000円＋495,000,000円＋455,000,000円)÷3事業年度＝490,000,000円

そして、これをもとに増減試験研究費割合による上乗せ措置適用後の税額控除割合を算定すると、次のとおり0.15402857…となり、恒久措置の12％よりも税額控除割合が増加します。なお、ここでも小数点以下の端数処理は行わず、また、税額控除割合が17％を超えることとなった場合には、税額控除割合は17％となります。

$$\text{税額控除割合} = \frac{12}{100} + \left[0.19122448\cdots - \frac{9.4}{100} \right] \times 0.35 = 0.15402857\cdots$$

② 試験研究費割合による上乗せ措置

また、中小企業技術基盤強化税制では、試験研究費割合が10％を超える場合、①に加え試験研究費割合による上乗せ措置を適用することもできます。

試験研究費割合とは、過去3事業年度と当期の売上金額の合計の平均額（平均売上金額）に対する当期の試験研究費の額の割合をいい、次の算式により計算します。

$$試験研究費割合 = \frac{当期の試験研究費の額}{平均売上金額}$$

①と同様に、これを本設例の「2　過年度の状況」から具体的に当てはめてみると、B社の当期における試験研究費割合は、以下のとおり10％を超えるため、試験研究費割合による上乗せ措置を適用することができます。

$$試験研究費割合 = \frac{583{,}700{,}000円}{5{,}175{,}000{,}000円^{(※)}} = 0.11279227\cdots > 10\%$$

（※）平均売上金額＝(5,250,000,000円＋5,150,000,000円＋5,000,000,000円＋5,300,000,000円)÷4事業年度＝5,175,000,000円

そして、これをもとに税額控除割合につき、①の増減試験研究費割合による上乗せ措置にさらに上乗せすることができる控除割増率を算定すると、次のとおりとなります。なお、ここでも小数点以下の端数処理は行いません。

$$控除割増率 = \left[0.11279227\cdots - \frac{10}{100}\right] \times 0.5 = 0.00639613\cdots$$

③ B社の税額控除割合

②で算定した控除割増率は、①で算定した増減試験研究費割合による上乗せ措置適用後の税額控除割合（以下、「割増前税額控除割合」といいます）に加算することができるため、B社が中小企業技術基盤強化税制を適用する場合の税額控除割合の算定の流れは、次のとおりとなります。

税額控除割合＝割増前税額控除割合＋割増前税額控除割合×控除割増率

＝0.15402857…＋0.15402857…×0.00639613…

＝0.155（小数点以下３位未満切捨）

なお、ここでは小数点以下３位未満を切捨て、17％を超える場合は、税額控除割合は17％となります。

(2) 中小企業者等控除上限額の計算

中小企業技術基盤強化税制における中小企業者等控除上限額（以下、「控除上限額」といいます）は、恒久措置として調整前法人税額の25％相当額となります。

なお、上記 (1) 税額控除割合と同様に、時限措置（令和５年３月31日までに開始する事業年度）として、一定の要件に該当する場合には、①増減試験研究費割合による上乗せ措置、又は②試験研究費割合による上乗せ措置を検討することができます。税額控除割合の上乗せ措置とは異なり、中小企業者等控除上限額においては、①又は②の選択適用となります。また、控除上限額についてはコロナ特例による上乗せ措置も講じられており、この特例による上乗せ措置は、①又は②と併用することができます。

①　増減試験研究費割合による上乗せ措置

中小企業技術基盤強化税制では、税額控除割合の上乗せ措置と同様に、増減試験研究費割合が9.4％を超える場合、控除上限額についても上乗せ措置を適用することができます。増減試験研究費割合による控除上限額の上乗せ措置は中小企業技術基盤強化税制においてのみ適用が可能となっており、一般型ではこれによる控除上限額の上乗せ措置はありません。

増減試験研究費割合による上乗せ措置では恒久措置に加え調整前法人税額の10％相当額を一律で上乗せできるため、この場合の控除上限額は、調整前法人税額の35％相当額となります。

本設例では税額控除割合の計算において増減試験研究費割合が9.4％を超えることが確認できているため、Ｂ社の控除上限額は、調整前法人税額の35％相当額となります。

なお、中小企業技術基盤強化税制を適用する場合、本設例のように増減試験研究費割合が9.4％を超えるときは、次の②試験研究費割合による上乗せ措置の計算を行うまでもなく、増減試験研究費割合による上乗せ措置を適用することが簡便的な選択といえます。

② 試験研究割合による上乗せ措置

中小企業技術基盤強化税制では、上記①との選択により、中小企業者等控除上限額につき、試験研究費割合による上乗せ措置が講じられています。試験研究費割合による上乗せ措置では、試験研究費割合に応じて上乗せすることができる割合が0～10％の範囲で変動するため、中小企業技術基盤強化税制を適用する場合のうち、増減試験研究費割合が9.4％を超えるときは、上乗せ割合が一律10％となる①を選択することが中小企業者等控除上限額を計算するうえでは簡便的といえるでしょう。

よって、本設例では、試験研究費割合による上乗せ措置の計算は省略することにします。

③ コロナ特例による上乗せ措置

控除上限額の上乗せ措置の1つでもあるコロナ特例による上乗せ措置は、新型コロナウイルス感染症の影響を受け、令和2年2月1日前に最後に終了した事業年度（基準年度）の売上金額と当期の売上金額とを比較して2％以上減少しているにもかかわらず試験研究費の額が増加した場合に適用することができます。

本設例では、例えば×1年8月期を基準年度とした場合、当時の売上金額と比べると当期の売上金額が増加しているため（他の事業年度も同じ）、この特例による上乗せ措置の適用はないことになります。

④ B社の中小企業者等控除上限額

①～③より、当期においてB社が中小企業技術基盤強化税制を適用する場合の控除上限額は、恒久措置による控除上限額に増加試験研究費割合による上乗せ措置を適用した割合となります。

よって、控除上限額は、B社の当期の調整前法人税額の35％相当額ということになります。

4　適用のための手続き

B社が中小企業技術基盤強化税制を適用するためには、当期の法人税の申告において「中小企業者等の試験研究費に係る法人税額の特別控除に関する明細書」（別表六（九））を添付する必要があります。

また、本設例では、過年度の試験研究費の額や売上金額から算定される比較試験研究費の額や平均売上金額を計算するため、「試験研究を行った場合の法人税額の特別控除における比較試験研究費の額及び平均売上金額の計算に関する明細書」（別表六（十））もあわせて添付します。

それぞれの別表の記載内容については後掲のとおりとなりますが、本設例では[1] **事例1**において確認しなかった別表六（九）「5」欄～「9」欄の記載方法を確認するとともに、別表六（十）も補足的に確認しておきます。

まず、別表六（九）「5」欄～「7」欄では増減試験研究費割合が9.4％を超えるかどうかを確認します。

「5」欄には、比較試験研究費の額を記載しますが、ここは別表六（十）「5」欄から転記されることになります。別表六（十）「5」欄は、当期開始の日前3年以内の各事業年度の試験研究費の額の合計（520,000,000円＋495,000,000円＋455,000,000円＝1,470,000,000円）をその事業年度の数（3事業年度）で除して計算した金額、つまり、1,470,000,000円÷3（事業年度）＝490,000,000円となるため、「490,000,000」円をそのまま「5」欄に転記します。

「6」欄は、当期の試験研究費の額から比較試験研究費の額を控除した増減試験研究費の額を記載します。本設例より、当期の試験研究費の額は583,700,000円と計算されたため、上記比較試験研究費の額490,000,000円を控除した「93,700,000」円と記載します。

「7」欄では増減試験研究費割合を計算することになりますが、増減試験研究費割合は比較試験研究費の額に対する増減試験研究費の額の割合となるため、上記「6」欄÷「5」欄＝93,700,000円÷490,000,000円＝0.19122448…となります。なお、ここで

郵便はがき

料金受取人払郵便

落合局承認

4302

差出有効期間
2022年８月31日

（期限後は切手を
おはりください）

１６１－８７８０

東京都新宿区下落合2-5-13

㈱ 税務経理協会

社長室行

お名前	フリガナ	性別	男 ・ 女
		年齢	歳
ご住所	□□□-□□□□ TEL （ ）		
E-mail			
ご職業	1．会社経営者・役員 2．会社員 3．教員 4．公務員 5．自営業 6．自由業 7．学生 8．主婦 9．無職 10．公認会計士 11．税理士 12．行政書士 13．弁護士 14．社労士 15．その他（ ）		
ご勤務先・学校名			
部署		役職	

ご記入の感想等は，匿名で書籍のＰＲ等に使用させていただくことがございます。
使用許可をいただけない場合は，右の□内にレをご記入ください。 □許可しない

ご購入ありがとうございました。ぜひ、ご意見・ご感想などをお聞かせください。
また、正誤表やリコール情報等をお送りさせて頂く場合もございますので、
E-mail アドレスとご購入書名をご記入ください。

この本の タイトル	

Q1　お買い上げ日　　　年　　月　　日

ご購入方法　1．書店·ネット書店で購入(書店名　　　)
2．当社から直接購入　　3．その他（　　　）

Q2　本書のご購入になった動機はなんですか？（複数回答可）

1．タイトルにひかれたから　　2．内容にひかれたから
3．店頭で目立っていたから　　4．著者のファンだから
5．新聞・雑誌で紹介されていたから（誌名　　　）
6．人から薦められたから　　7．その他（　　　）

Q3　本書をお読み頂いてのご意見・ご感想をお聞かせください。

Q4　ご興味のある分野をお聞かせください。

1．税務　　2．会計・経理　　3．経営・マーケティング
4．経済・金融　　5．株式・資産運用　　6．法律・法務
7．情報·コンピュータ　　8．その他（　　　）

Q5　カバーやデザイン、値段についてお聞かせください

①タイトル	1良い	2目立つ	3普通	4悪い
②カバーデザイン	1良い	2目立つ	3普通	4悪い
③本文レイアウト	1良い	2目立つ	3普通	4悪い
④値段	1安い	2普通	3高い	

Q6　今後、どのようなテーマ・内容の本をお読みになりたいですか？

ご回答いただいた情報は、弊社発売の刊行物やサービスのご案内と今後の出版企画立案の参考のみに使用し、他のいかなる目的にも利用いたしません。なお、皆様より頂いた個人情報は、弊社のプライバシーポリシーに則り細心の注意を払い管理し、第三者への提供、開示等は一切いたしません。

は少数点以下の端数処理は行いません。計算の結果、本設例では増減試験研究費割合が9.4％を超えることが確認できます。

次に、別表六（九）「8」欄～「9」欄において試験研究費割合が10％を超えるかどうかを確認します。

「8」欄には、平均売上金額を記載しますが、ここは別表六（十）「10」欄から転記されることになります。別表六（十）「10」欄は、当期開始の日前3年以内の各事業年度の売上金額に当期の売上金額を含めた合計額（5,250,000,000円＋5,150,000,000円＋5,000,000,000円＋5,300,000,000円＝20,700,000,000円）をこれらのの事業年度の数（4事業年度）で除して計算した金額、つまり、20,700,000,000円÷4（事業年度）＝5,175,000,000円となるため、「5,175,000,000」円をそのまま「8」欄に転記します。なお、ここでいう売上金額とは、棚卸資産の販売その他事業として継続して行われる資産の譲渡や貸付け、役務の提供に係る収益の額として所得の金額の計算上益金の額に算入される金額がその範囲となり、営業外収益に計上されるものは除きます。

「9」欄では試験研究費割合を計算することになりますが、試験研究費割合は平均売上金額に対する当期の試験研究費の額の割合となるため、当期の試験研究費の額583,700,000円（「1」欄の金額）÷5,175,000,000円＝0.11279227…となります。なお、ここでも小数点以下の端数処理は行いません。計算の結果、本設例では試験研究費割合が10％を超えることが確認できます。

「13」欄では、当期の試験研究費の額に税額控除割合を乗じた中小企業者等税額控除限度額を計算します。3（1）③で計算したとおり、本設例の税額控除割合は「0.155」（「12」欄）となるため、「13」欄は583,700,000円×0.155＝「90,473,500」円となります。

「14」欄～「18」欄において控除上限額を計算しますが、3（3）④のとおり、本設例では増減試験研究費割合による上乗せ措置を適用し、「18」欄は、当期の調整前法人税額「73,500,000」円（「14」欄）×控除上限額「0.35」（「15」欄）＝「25,725,000」円となります。

よって、当期、B社が適用を受けることができる中小企業技術基盤強化税制における税額控除の金額は、「13」欄＜「18」欄となり25,725,000円となります。

繰越税額控除限度超過額による控除制度は廃止に

設備投資関連の優遇措置の中には、本設例のように税額控除限度額が調整前法人税額を超える場合、その控除しきれなかった金額を1年間繰り越すことができる制度があります。

研究開発税制においても過去に同様の制度が講じられていましたが、平成27年度税制改正において廃止されています。

中小企業者等の試験研究費に係る法人税額の特別控除に関する明細書	事業年度	×3．9．1 ×4．8．31	法人名	株式会社B

			円
試験研究費の額		1	583,700,000
控除対象試験研究費の額の計算	同上のうち特別試験研究費以外の額	2	583,700,000
	(1)のうち中小企業者等の試験研究費に係る税額控除の対象とする特別試験研究費の額	3	0
	控除対象試験研究費の額 (2)＋(3)	4	583,700,000
増減試験研究費割合の計算	比較試験研究費の額 (別表六(十)「5」)	5	490,000,000
	増減試験研究費の額 (1)－(5)	6	93,700,000
	増減試験研究費割合 $\frac{(6)}{(5)}$	7	0.19122448…
試験研究費割合の計算	平均売上金額 (別表六(十)「10」)	8	円 5,175,000,000
	試験研究費割合 $\frac{(1)}{(8)}$	9	0.11279227…
税額控除割合の計算	割増前税額控除割合 $\frac{12}{100}$＋((7)－$\frac{\text{~~8又は~~}9.4}{100}$)×(~~0.3又は~~0.35) (0.12未満の場合、(5)＝0の場合又は設立事業年度の場合は0.12)	10	0.15402857…
	(9)＞10％の場合の控除割増率 ((9)－$\frac{10}{100}$)×0.5 (0.1を超える場合は0.1)	11	0.00639613…
	税額控除割合 (10)＋(10)×(11) (小数点以下3位未満切捨て) (0.17を超える場合は0.17)	12	0.155

				円
中小企業者等税額控除限度額 (4)×((12)又は0.12)			13	90,473,500
調整前法人税額 (別表一「2」又は別表一の三「2」若しくは「14」)			14	73,500,000
当期税額基準額の計算	令和5年3月31日以前に開始する事業年度の場合	~~(7)＞8％又は~~(7)＞9.4％の場合	15	0.35
		(9)＞10％の場合の特例加算割合 ((9)－$\frac{10}{100}$)×2 (小数点以下3位未満切捨て) (0.1を超える場合は0.1)	16	
		基準年度比売上金額減少割合≧２％の場合の特例加算割合 (別表六(十一)「11」)	17	
	当期税額基準額 (14)×(((15)、(0.25＋(16))又は0.25)＋(17))		18	円 25,725,000
当期税額控除可能額 ((13)と(18)のうち少ない金額)			19	25,725,000
調整前法人税額超過構成額 (別表六(六)「7の②」)			20	
法人税額の特別控除額 (19)－(20)			21	25,725,000

別表六(九)　令三・四・一以後終了事業年度分

試験研究を行った場合の法人税額の特別控除における比較試験研究費の額及び平均売上金額の計算に関する明細書

事業年度	×3・9・1 ×4・8・31	法人名	株式会社B

別表六(十) 令三・四・一以後終了事業年度分

比較試験研究費の額の計算

事業年度又は連結事業年度		試験研究費の額	当期の月数 / (1)の事業年度又は連結事業年度の月数	改定試験研究費の額 (2)×(3)
1		2	3	4
調整対象年度	・　・ ・　・	円	――	円
	・　・ ・　・		――	
	・　・ ・　・		――	
	×0・9・1 ×1・8・31	455,000,000	12/12	455,000,000
	×1・9・1 ×2・8・31	495,000,000	12/12	495,000,000
	×2・9・1 ×3・8・31	520,000,000	12/12	520,000,000
計				1,470,000,000
比較試験研究費の額 (4の計)÷(調整対象年度数)			5	490,000,000円

平均売上金額の計算

事業年度又は連結事業年度		売上金額	当期の月数 / (6)の事業年度又は連結事業年度の月数	改定売上金額 (7)×(8)
6		7	8	9
売上調整年度	・　・ ・　・	円	――	円
	・　・ ・　・		――	
	・　・ ・　・		――	
	×0・9・1 ×1・8・31	5,000,000,000	12/12	5,000,000,000
	×1・9・1 ×2・8・31	5,150,000,000	12/12	5,150,000,000
	×2・9・1 ×3・8・31	5,250,000,000	12/12	5,250,000,000
当期				5,300,000,000
計				20,700,000,000
平均売上金額 (9の計)÷(1＋売上調整年度数)			10	5,175,000,000円

3 事例3 コロナ特例による控除上限額の上乗せ（化学工業）

C株式会社（以下、「C社」といいます）は、主に建物の防水改修工事に使用される塗膜防水材のメーカーで、資本金50,000千円、3月決算の青色申告法人で、中小企業者等に該当します。

当期（×4年3月期）は新型コロナウイルス感染症の影響により、防水材料を製造する工場が一時閉鎖となり、売上高が減少しています。反面、環境にやさしい塗膜防水材の開発が進められており、新商品の製造に向けた取組みが続けられています。

C社では、商品開発に当たり、研究拠点としてR&Dセンターを本社とは別棟で設けており、そこには応用化学などを専攻した常勤の従業員を研究員として5名配属しています。

なお、C社における当期（×4年3月期）の研究開発のための費用や過年度の状況などは次のとおりとなっており、R&Dセンターで生じた費用のうち研究開発税制の試験研究費に該当する部分は、毎期、決算整理において「研究開発費」に振り替えています。

1　研究開発等に係る費用の概要

・　材料費には、液状ウレタンゴムや硬化剤、着色剤など研究開発用の材料として10,000,000円が含まれています。

・　労務費には、R&Dセンターに所属する研究員の給与手当28,000,000円が含まれています。

・　C社では部門別会計を採用しており、R&Dセンターにおいて支出された経費を集計した結果、15,000,000円となりました。なお、経費の中には、交際費や寄附金は含まれておらず、これらは全て試験研究のためだけに生じた費用となります。また、これ以外に、成分分析のための外注費

2,000,000円の計上があります。

・　減価償却費は、R&Dセンターの建物のほか、塗装ブースなどの試験研究用資産の償却費が8,000,000円計上されています。なお、当期はこれまでR&Dセンターで活用してきた乾燥炉を取り替え、旧乾燥炉の除却損200,000円を計上しています。

2　過年度の状況

	試験研究費の額	売上金額
×3年3月期（前期）	59,000,000	7,500,000,000
×2年3月期（前々期）	55,000,000	7,450,000,000
×1年3月期（前前々期）	54,000,000	7,350,000,000

なお、×1年3月期は、C社において令和2年2月1日前に最後に終了した事業年度（基準年度）に該当します。

3　当期の状況

・　売上金額……………………………………7,200,000,000円

・　調整前法人税額（別表一「2」の金額）……21,000,000円

当期は新型コロナウイルス感染症の影響による工場の一時閉鎖により売上が落ち込みましたが、新商品の開発に向けた研究開発は継続しています。当期もこれまでと同様に中小企業技術基盤強化税制を適用することができると思いますが、新型コロナウイルス感染症の影響を受けた当期に有効な措置について教えてください。

1　研究開発税制への適合の可否

研究開発税制が適用される試験研究のうち、製品の製造等に係る試験研究は自然科学に係るものに限られますが、C社が行っている塗装に係る技術開発は「応用化学」の一分野として確立しているものといえ、その活動は自然科学に係る試験研究

に該当するといえるでしょう。

よって、C社が行う塗膜防水のための防水材料の開発は、製品の製造等に係る試験研究のうち新製品の製造に係る試験研究に該当し、これらのために要する費用は、研究開発税制における試験研究費に該当するものと考えられます。

また、研究開発税制では、新型コロナウイルス感染症に対する特例的な措置として控除上限額に対し上乗せ措置が講じられています。

2 試験研究費の額の計算

C社では、部門別会計を採用してるため、研究拠点であるR&Dセンターにおいて生じた費用を容易に集計することができます。

なお、これらのうち研究開発費に計上される当期のC社の試験研究費は次のとおりとなります。

(1) 原材料費

本設例より、R&Dセンターで消費した研究開発用の材料費（10,000,000円）は、製品の製造等に係る試験研究のために直接要する費用として試験研究費に該当します。

よって、C社の当期の試験研究費の額に含まれる原材料費の額は、次のとおりです。

原材料費＝10,000,000円

(2) 人件費

R&Dセンターに配属された研究員は、専門的知識をもって試験研究の業務に専ら従事する者に該当し、またこれらの者は全員研究開発をするためだけに配属されていることから、研究員全員の給与手当（28,000,000円）の全額を試験研究費に含めることができます。

よって、C社の当期の試験研究費の額に含まれる人件費の額は、次のとおりです。

人件費＝28,000,000円

(3) 経費

部門別会計では経費だけに限らず材料費や労務費においても部門別に集計されてはいますが、特に経費の集計においては共通経費も期中において配賦されているケースが多く、試験研究費の額を集計するには有効的といえます。

なお、R&Dセンターで生じた経費は、通常、試験研究のためだけに要した費用といえますが、念のためそれぞれ内容を精査する必要はあるでしょう。

C社のR&Dセンターで生じた経費は全て試験研究のために要した費用に該当するため、C社の当期の試験研究費の額に含まれる経費の額は、外注費の額も含め、次のとおり計算されます。

経費＝15,000,000円＋2,000,000円＝17,000,000円

(4) 減価償却費

試験研究費に含まれる減価償却費は、試験研究用資産の減価償却費に限られます。C社では独立した研究開発用の施設を有しているため、そこで試験研究用に供される固定資産の減価償却費は全て試験研究費に含まれることになるでしょう。

なお、本設例の除却損については、その対象となった固定資産が試験研究用として使用されていたもので、除却の要因が災害や研究項目の廃止等によって生じた臨時的、偶発的に生じたものとはいえないため、当期に生じた除却損は試験研究費の額に含めることができるものと考えます。なお、本設例では便宜上、この除却損を減価償却費に含めて集計することにします。

よって、C社の当期の試験研究費の額に含まれる減価償却費の額は、次のとおり計算されます。

減価償却費＝8,000,000円＋200,000円＝8,200,000円

(5) 当期における試験研究費の額

上記より、当期の試験研究費の額は、次のとおりとなります。

(1)＋(2)＋(3)＋(4)＝63,200,000円

3　法人税の額から控除される金額の計算

C社は、本設例のとおり、中小企業者等に該当するため、研究開発税制を適用する場合、中小企業技術基盤強化税制を適用することができます。

また、C社では、過年度においても研究開発税制を適用していたため、税額控除割合と中小企業者等控除上限額については上乗せ措置が検討できますが、当期と基準年度のそれぞれの売上金額及び試験研究費の額から判断して、中小企業者等控除上限額においてはコロナ特例によるによる上乗せ措置も検討できるでしょう。

(1) 税額控除割合の計算

中小企業技術基盤強化税制における税額控除割合は、恒久措置では一律12％となりますが、時限措置（令和5年3月31日までに開始する事業年度）として、一定の要件に該当する場合には、①増減試験研究費割合による上乗せ措置と②試験研究費割合による上乗せ措置を適用することができます。なお、①と②の上乗せ措置は併用することができます。

①　増減試験研究費割合による上乗せ措置

中小企業技術基盤強化税制では、増減試験研究費割合が9.4％を超える場合、税額控除割合について上乗せ措置を適用することができます。

増減試験研究費割合は、2 **事例2**の計算式のとおり、増減試験研究費に対する比較試験研究費の額の割合となりますが、「2　過年度の状況」から具体的に当てはめてみると、次のとおり9.4％を超えるため、増減試験研究費割合による上乗せ措置を適用することができます。

$$\text{増減試験研究費割合} = \frac{7{,}2000{,}000\text{円}\ (=63{,}200{,}000\text{円} - 56{,}000{,}000\text{円})}{56{,}000{,}000\text{円}^{(※)}}$$

$$= 0.12857142\cdots > 9.4\ \%$$

（※）比較試験研究費の額＝(59,000,000円＋55,000,000円＋54,000,000円)
÷3事業年度＝56,000,000円

そして、この場合における税額控除割合は、次のとおりとなります。

$$\text{税額控除割合} = \frac{12}{100} + \left[0.12857142\cdots - \frac{9.4}{100}\right] \times 0.35 = 0.13209999\cdots$$

② 試験研究費割合による上乗せ措置

中小企業技術基盤強化税制においては、上記①と併用して試験研究費割合が10％を超える場合には、試験研究費割合による上乗せ措置を適用することもできます。

試験研究費割合は、2 **事例2**の計算式のとおり、過去3事業年度と当期の売上金額の合計の平均額（平均売上金額）に対する当期の試験研究費の額の割合となり、①と同様に、「2　過年度の状況」から具体的に当てはめてみると、次のとおり試験研究費割合は10％以下となるため、本設例では、試験研究費割合による上乗せ措置を適用することができません。

$$\text{試験研究費割合} = \frac{63{,}200{,}000\text{円}}{7{,}375{,}000{,}000\text{円}^{(※)}} = 0.00856949\cdots \leqq 10\ \%$$

（※）平均売上金額＝(7,500,000,000円＋7,450,000,000円＋7,350,000,000円
＋7,200,000,000円)÷4(事業年度)＝7,375,000,000円

③ C社の税額控除割合

C社の税額控除割合については、②のとおり試験研究費割合による上乗せ措置を適用することができませんが、①の増減試験研究費割合による上乗せ措置が適用できるため、当期の税額控除割合は、①にあるとおり、「0.132」（小数点以下3位未満切捨）となります。

(2) 中小企業者等控除上限額の計算

中小企業技術基盤強化税制における中小企業者等控除上限額（以下、「控除上限額」といいます）は、恒久措置として調整前法人税額の25％相当額となります。

なお、上記（1）税額控除割合と同様に、時限措置（令和5年3月31日までに開始する事業年度）として、一定の要件に該当する場合には、以下のとおり、それぞれ上乗せ措置を検討することができます。

① 増減試験研究費割合による上乗せ措置

上記（1）①の計算結果のとおり、増減試験研究費割合が9.4％を超えるため、控除上限額においても増減試験研究費割合による上乗せ措置が適用できます。この上乗せ措置による割合は一律10％となっているため、C社の控除上限額は恒久措置（25％）に上乗せ措置（10％）を加算した、調整前法人税額の35％相当額となります。

② 試験研究費割合による上乗せ措置

①の増減試験研究費割合による上乗せ措置が適用できるため、そもそも試験研究費割合による上乗せ措置につき、その適用の可否を検討する必要はありませんが、上記（1）②の計算結果からも、試験研究費割合が10％以下となるため、試験研究費割合による上乗せ措置の適用はありません。

③ コロナ特例による上乗せ措置

控除上限額の上乗せ措置の1つでもあるコロナ特例による上乗せ措置は、新型コロナウイルス感染症の影響を受け、令和2年2月1日前に最後に終了した事業年度（基準年度）の売上金額と当期の売上金額とを比較して2％以上減少しているにもかかわらず試験研究費の額が増加している場合に適用することができます。

本設例では、×1年3月期が基準年度となるため、基準年度の売上金額と比べると、次のとおり、当期の売上金額は2％以上減少しています。また、基準年度の試験研究費の額（54,000,000円）に比べ当期の試験研究費の額（63,200,000円）は増加しているため、コロナ特例による上乗せ措置を適用することができます。コロナ特例の上乗せ措置による割合は一律5％となっています。

基準年度比売上金額減少割合

$$=\frac{150{,}000{,}000\text{円}(=7{,}350{,}000{,}000\text{円}-7{,}200{,}000{,}000\text{円(当期の売上金額)})}{7{,}350{,}000{,}000\text{円（基準年度の売上金額）}}$$

$$=0.02040816\cdots>2\ \%$$

④　C社の中小企業者等控除上限額

①と③より、当期においてC社が中小企業技術基盤強化税制を適用する場合の控除上限額は、恒久措置による控除上限額（25％）に、増加試験研究費割合による上乗せ措置（10％）とコロナ特例による上乗せ措置（5％）を適用した割合となります。

よって、C社の当期の控除上限額は、調整前法人税額の40％相当額ということになります。

4　適用のための手続き

C社が中小企業技術基盤強化税制を適用するためには、当期の法人税の申告において「中小企業者等の試験研究費に係る法人税額の特別控除に関する明細書」（別表六（九））を添付する必要があります。

また、本設例では、過年度の試験研究費の額や売上金額から算定される比較試験研究費の額や平均売上金額を計算するため、「試験研究を行った場合の法人税額の特別控除における比較試験研究費の額及び平均売上金額の計算に関する明細書」（別表六（十））の添付が必要になるとともに、控除上限額においてコロナ特例による上乗せ措置の適用を受けるため、「試験研究を行った場合の法人税額の特別控除における基準年度比売上金額減少割合及び基準年度試験研究費の額の計算に関する明細書」（別表六（十一））もあわせて添付します。

それぞれの別表の記載内容については後掲のとおりとなりますが、本設例では1 **事例1**と2 **事例2**では確認していない別表六（十一）の各欄の記載方法を確認していきます。

「1」欄には、当期の売上金額を記載します。「3　当期の状況」より「7,200,000,000」円となります。なお、ここでいう売上金額とは、別表六（十）において平均売上金額を計算する際の売上金額と同じく、棚卸資産の販売その他事業として継続して行われる資産の譲渡や貸付け、役務の提供に係る収益の額として所得の金額の計算上益金の額に算入される金額がその範囲となり、営業外収益に計上されるものは含みません。

「2」欄は、当期の売上金額と比較する基準年度となる事業年度を記載します。この場合の基準年度とは、令和2年2月1日前に最後に終了した事業年度をいいます。本設例の場合には、×1年3月期（自×0年4月1日至×1年3月31日）が該当します。

「3」欄は、基準年度の売上金額を記載します。「2　過年度の状況」より、×1年3月期の売上金額「7,350,000,000」円を記載します。

「4」欄では、基準年度と当期の売上金額について、同じ基準で比較できるよう、それぞれの事業年度の月数を記載します。

「5」欄は、当期と同じ事業年度の月数に割り戻して計算した基準年度の売上金額を記載します。本設例では、基準年度も当期も事業年度は同じ12か月間であるため、「3」欄で記載した基準年度の売上金額がそのまま転記されることになります。

「6」欄は、基準年度と当期の売上金額を比較して減少した金額相当分を記載します。つまり、「5」欄－「1」欄＝7,350,000,000円－7,200,000,000円＝「150,000,000」円となります。

コロナ特例による上乗せ措置は、基準年度の売上金額と当期の売上金額とを比較して2％以上減少していることが適用要件の1つとなりますが、「7」欄においてその要件を確認します。つまり、「6」欄で計算した基準年度の金額に対する当期の売上金額の減少分を「5」欄の基準年度の売上金額で除します。150,000,000円÷7,350,000,000円＝0.02040816…＞2％となるため、適用要件の1つがクリアされたことが確認できます。

「8」欄は、当期の試験研究費の額を記載します。本設例の場合、別表六（九）「1」欄の金額を転記します。

「9」欄には、基準年度の試験研究費の額を記載します。「2　過年度の状況」より、×1年3月期の試験研究費の額「54,000,000」円を記載します。

「10」欄も「5」欄と同様に、当期と同じ事業年度の月数に割り戻して計算した基準年度の試験研究費の額を記載することになりますが、基準年度も当期も事業年度は同じ12か月間であるため、「9」欄で記載した基準年度の試験研究費の額がそのまま転記されることになります。これにより、「8」欄＞「10」欄となり、基準年度の試験研究費の額に比べ当期の試験研究費の額が増加していることが確認できたことで、コロナ特例による上乗せ措置の適用要件のもう1つをクリアしたため、「11」欄に既に印字されている「0.05」を別表六（九）「17」欄に転記します。

なお、本設例では、コロナ特例による上乗せ措置を適用する前の段階では、特別控除額につき控除上限額による制限があります。つまり、恒久措置と増減試験研究費割合による上乗せ措置だけの適用の場合には7,350,000円（＝調整前法人税額21,000,000円×35％）が控除限度額となりますが、コロナ特例による上乗せ措置の適用により控除限度額は8,400,000円（別表六（九）「18」欄）に増加し、中小企業者等税額控除限度額（「13」欄）の全額を控除することができるようになります。結果、コロナ特例による上乗せ措置の適用により特別控除額は992,400円増加することになります。

別表六(九) 令三・四・一以後終了事業年度分

中小企業者等の試験研究費に係る法人税額の特別控除に関する明細書

事業年度	×3．4．1 ×4．3．31	法人名	C株式会社

	試験研究費の額	1	63,200,000 円
控除対象試験研究費の額の計算	同上のうち特別試験研究費以外の額	2	63,200,000
	(1)のうち中小企業者等の試験研究費に係る税額控除の対象とする特別試験研究費の額	3	0
	控除対象試験研究費の額 (2)＋(3)	4	63,200,000
増減試験研究費割合の計算	比較試験研究費の額 (別表六(十)「5」)	5	56,000,000
	増減試験研究費の額 (1)－(5)	6	7,200,000
	増減試験研究費割合 (6)/(5)	7	0.12857142…
試験研究費割合の計算	平均売上金額 (別表六(十)「10」)	8	7,375,000,000 円
	試験研究費割合 (1)/(8)	9	0.00856949…
税額控除割合の計算	割増前税額控除割合 12/100＋((7)－~~8又は~~9.4/100)×(~~0.3又は~~0.35) (0.12未満の場合、(5)＝0の場合又は設立事業年度の場合は0.12)	10	0.13209999…
	(9)＞10％の場合の控除割増率 ((9)－10/100)×0.5 (0.1を超える場合は0.1)	11	
	税額控除割合 (10)＋(10)×(11) (小数点以下3位未満切捨て) (0.17を超える場合は0.17)	12	0.132

	中小企業者等税額控除限度額 (4)×((12)又は0.12)	13	8,342,400 円
	調整前法人税額 (別表一「2」又は別表一の三「2」若しくは「14」)	14	21,000,000
当期税額基準額の計算／令和5年3月31日以前に開始する事業年度の場合	(7)＞8％又は(7)＞9.4％の場合	15	0.35
当期税額基準額の計算／令和5年3月31日以前に開始する事業年度の場合	(9)＞10％の場合の特例加算割合 ((9)－10/100)×2 (小数点以下3位未満切捨て) (0.1を超える場合は0.1)	16	
当期税額基準額の計算／令和5年3月31日以前に開始する事業年度の場合	基準年度比売上金額減少割合≧2％の場合の特例加算割合 (別表六(十一)「11」)	17	0.05
当期税額基準額の計算	当期税額基準額 (14)×(((15)、(0.25＋(16))又は0.25)＋(17))	18	8,400,000 円
	当期税額控除可能額 ((13)と(18)のうち少ない金額)	19	8,342,400
	調整前法人税額超過構成額 (別表六(六)「7の②」)	20	0
	法人税額の特別控除額 (19)－(20)	21	8,342,400

試験研究を行った場合の法人税額の特別控除における比較試験研究費の額及び平均売上金額の計算に関する明細書

事業年度	×3・4・1 ×4・3・31	法人名	C株式会社

別表六(十) 令三・四・一以後終了事業年度分

比較試験研究費の額の計算

	事業年度又は連結事業年度	試験研究費の額	当期の月数 (1)の事業年度又は連結事業年度の月数	改定試験研究費の額 (2)×(3)
	1	2	3	4
調整対象年度	・　・ ・　・	円	――	円
	・　・ ・　・		――	
	・　・ ・　・		――	
	×0・4・1 ×1・3・31	54,000,000	12/12	54,000,000
	×1・4・1 ×2・3・31	55,000,000	12/12	55,000,000
	×2・4・1 ×3・3・31	59,000,000	12/12	59,000,000
計				168,000,000
比較試験研究費の額 (4の計)÷(調整対象年度数)			5	56,000,000円

平均売上金額の計算

	事業年度又は連結事業年度	売上金額	当期の月数 (6)の事業年度又は連結事業年度の月数	改定売上金額 (7)×(8)
	6	7	8	9
売上調整年度	・　・ ・　・	円	――	円
	・　・ ・　・		――	
	・　・ ・　・		――	
	×0・4・1 ×1・3・31	7,350,000,000	12/12	7,350,000,000
	×1・4・1 ×2・3・31	7,450,000,000	12/12	7,450,000,000
	×2・4・1 ×3・3・31	7,500,000,000	12/12	7,500,000,000
当期				7,200,000,000
計				29,500,000,000
平均売上金額 (9の計)÷(1＋売上調整年度数)			10	7,375,000,000円

試験研究を行った場合の法人税額の特別控除における基準年度比売上金額減少割合及び基準年度試験研究費の額の計算に関する明細書

事業年度	×3・4・1 ×4・3・31	法人名	C株式会社

当期の売上金額	1	円 7,200,000,000
基準事業年度	2	×0・4・1 ×1・3・31
同上の基準事業年度の売上金額	3	円 7,350,000,000
当期の月数 / (2)の基準事業年度の月数	4	12 / 12
基準売上金額 (3)×(4)	5	円 7,350,000,000
基準年度比売上金額減少額 (5)−(1) (マイナスの場合は0)	6	150,000,000
基準年度比売上金額減少割合 (6) / (5) ((2)の基準事業年度がない場合又は(5)＝0の場合は0)	7	0.02040816…
当期の試験研究費の額 (別表六(八)「1」)又は(別表六(九)「1」)	8	円 63,200,000
(2)の基準事業年度の試験研究費の額	9	54,000,000
基準年度試験研究費の額 (9)×(4)	10	54,000,000
(7)≧2％かつ(8)＞(10)の場合の当期税額基準額の特例加算割合	11	0.05

別表六(十一)　令三・四・一以後終了事業年度分

4 事例4 特別試験研究費と中小企業技術基盤強化税制の併用（建設業）

株式会社D（以下、「D社」といいます）は、地質調査や地質解析、土木設計等の建設総合コンサルタントを営む、資本金1億円、3月決算の青色申告法人で、中小企業者等に該当します。

D社では、地盤改良の実用化に向けた技術開発に力を入れており、当期（×4年3月期）は、新たな液状化対策工法による地盤改良の開発を行っています。

技術開発に当たっては、土木工学や建築工学などの専門的知識を有する従業員が本社にある研究開発部門に所属し、新たな研究に取り組んでいます。また、当期はP大学との共同研究により台風やゲリラ豪雨による人工改変地の地盤の脆弱性を評価するためのシステム開発を進めました（当該開発はオープンイノベーション型の対象に該当するものとします）。

D社における当期の技術開発のための費用や過年度の状況は次のとおりです。なお、D社では、研究開発部門における費用のうち試験研究費に該当するものは、決算整理において研究開発費の勘定科目に振り替えています。

1 研究開発等に係る費用の概要

- 売上原価の中には、新たな工法開発に向けて消費したコンクリートやモルタル等の材料仕入3,000,000円が含まれています。
- 給料手当には、研究開発部門の従業員に対する給与や通勤手当として30,000,000円が含まれています。
- 販売費及び一般管理費の中には、研究開発部門にとって間接経費に該当するものが多く含まれていると思われますが、D社では研究開発部門への合理的な配賦割合を決めていないため、これまでも間接経費として試験研究費に含めているものはありません。その他、直接経費として技術開発用の地盤改良機の修繕費が1,000,000円発生しています。また、D社が所有する実験用の土地に係る固定資産税2,000,000円が租税公課に含まれています。

・　減価償却費の中には、技術開発用の地盤改良機（期首簿価11,900,000円、200％定率法、耐用年数6年（償却率0.333））に係る部分が含まれています。

・　業務委託費には、P大学との共同研究のために支出した費用が含まれています。共同研究に対しては、P大学と共同研究契約を締結しており、大学からは「特別試験研究費の監査に関する報告書」を受け取っています。D社ではこの報告書に記載された特別試験研究費の額5,000,000円を決算整理において「研究開発費」に振り替えています。

2　過年度の状況

	試験研究費の額	売上金額
×3年3月期（前期）	40,000,000	9,700,000,000
×2年3月期（前々期）	42,000,000	8,900,000,000
×1年3月期（前前々期）	35,000,000	9,200,000,000

3　当期の状況

・　売上金額……………………………………9,500,000,000円

・　調整前法人税額（別表一「2」の金額）……98,500,000円

試験研究費の額の中に特別試験研究費の額が含まれている場合のオープンイノベーション型の申告手続きはどのようになりますか。

1　研究開発税制への適合の可否

研究開発税制が適用される試験研究のうち、製品の製造等に係る試験研究は自然科学に係るものに限られますが、D社が行っている地盤改良に係る技術開発は「土木工学」の分野の中でも地盤工学として確立しているものといえ、その活動は自然科学に係る試験研究に該当するといえるでしょう。

よって、D社が行う技術開発は、製品の製造等に係る試験研究のうち技術の改良に係る試験研究に該当し、これらのために要する費用は研究開発税制における試験研究費に該当するものと考えられます。

なお、試験研究費の額のうちに特別試験研究費の額が含まれる場合には、研究開発税制における税額控除を適用するうえでは、これを区分して申告することが有効的といえるでしょう。

2 試験研究費の額の計算

D社において、当期の製品の製造等に係る試験研究のために要する費用として試験研究費に含むことができる費用の額は、次のとおりです。

(1) 原材料費

本設例より、材料仕入に含まれているコンクリートやモルタル等の材料仕入(3,000,000円)は、製品の製造等に係る試験研究のために直接要する費用として試験研究費に該当します。

よって、D社の当期の試験研究費の額に含まれる原材料費の額は、次のとおりです。

原材料費＝3,000,000円

(2) 人件費

D社の研究開発部門の人員は、専門的知識をもって試験研究の業務に専ら従事する者に該当し、また全員がD社の技術開発のために配属されていることから、研究開発部門に専属的に所属している者の給与手当(30,000,000円)は試験研究費に含めることができます。

よって、D社の当期の試験研究費の額に含まれる人件費の額は、次のとおりです。

人件費＝30,000,000円

(3) 経費

本設例における、当期の試験研究費に含めることができる経費は、その試験研究のために直接要するものとして抽出することができる修繕費（1,000,000円）と固定資産税（2,000,000円）ということになるでしょう。

また、経費については、その製品の製造等に係る試験研究のために間接的に要する共通経費も含めることができますが、この場合には、その配賦基準は継続して同一の方法によって計上する必要があります。また、その配賦基準は合理的な判断に基づくものである必要があると考えられますが、D社の場合、間接経費についてはこれまでも合理的な配賦基準を示していません。

よって、D社の試験研究費には共通経費を加味することはできず、当期の試験研究費の額に含まれる経費の額は、次のとおりとなります。

経費＝1,000,000円＋2,000,000円＝3,000,000円

(4) 減価償却費

試験研究費に含まれる減価償却費は、試験研究用資産の減価償却費とされています。本設例において技術開発のために使用している地盤改良機は、試験研究用資産に該当するため、その減価償却費は試験研究費に含まれます。

よって、11,900,000円×0.333×12月／12月＝3,962,700円を試験研究費の額に含めることができます。

減価償却費＝3,962,700円

(5) 特別試験研究費

P大学との共同研究は、国の試験研究機関、大学その他これらに準ずる特別試験研究機関等と共同して行う試験研究に該当し、これらの特別試験研究機関等に対する特別試験研究費は「租税特別措置法42条の4第7項第1号」に該当する特別試験研究費の額となります。特別試験研究費の対象となるものは、D社がP大学に支払った額ではなく、P大学がその試験研究のために支出した原材料費や人件費、経費等のうちD社が負担する部分になります。これらは、P大学から交付された報告

書によって確認します。

なお、この特別試験研究費は、オープンイノベーション型において控除上限額を上回る部分は、試験研究のために外部に委託して支払う費用として中小企業技術基盤強化税制における試験研究費に含めることもできます。

特別試験研究費として区分した場合の金額は、次のとおりとなります。

特別試験研究費＝5,000,0000 円

(6) 当期における試験研究費の額

上記より、特別試験研究費の額も含めた当期の試験研究費の額は、次のとおりとなります。

(1)＋(2)＋(3)＋(4)＋(5)＝44,962,700 円

3　法人税の額から控除される金額の計算

D 社は、本設例のとおり、中小企業者等に該当するため、研究開発税制を適用する場合、中小企業技術基盤強化税制を適用することができます。また、D 社では特別試験研究費の支出があるため、これを中小企業技術基盤強化税制と区分してオープンイノベーション型を適用することができます。D 社が支出した特別試験研究費の額は、租税特別措置法 42 条の 4 第 7 項 1 号の特別試験研究費の額に該当しますが、このときのオープンイノベーション型の税額控除割合は30％となり、中小企業技術基盤強化税制における税額控除割合の上限割合 17 ％を超えるため、特別試験研究費に対してはオープンイノベーション型を選択することが有利といえるでしょう。

なお、中小企業技術基盤強化税制に係る部分については、これまでも研究開発税制の適用があるため、税額控除割合については「増減試験研究費割合」及び「試験研究費割合」による上乗せ措置を検討することができます。またあわせて中小企業者等控除上限額についても「増減試験研究費割合」又は「試験研究費割合」による上乗せ措置を検討することもできます。

(1) 税額控除割合の計算

中小企業技術基盤強化税制における税額控除割合は、恒久措置として一律12％となりますが、時限措置（令和5年3月31日までに開始する事業年度）として、一定の要件に該当する場合には、①増減試験研究費割合による上乗せ措置と②試験研究費割合による上乗せ措置をそれぞれ適用することができます。

①　増減試験研究費割合による上乗せ措置

中小企業技術基盤強化税制では、増減試験研究費割合が9.4％を超える場合、税額控除割合について上乗せ措置を適用することができます。

増減試験研究費割合は、[2] **事例 2** の計算式のとおり、増減試験研究費に対する比較試験研究費の額の割合となります。「2　過年度の状況」より具体的に当てはめてみると、本設例では次のとおり9.4％を超えるため、増減試験研究費割合による上乗せ措置を適用することができます。

なお、増減試験研究費の額は当期の試験研究費の額から比較試験研究費の額を差し引いた金額となりますが、当期の試験研究費の額は特別試験研究費の額も含めた金額となります。特別試験研究費に対してオープンイノベーション型を適用する場合、中小企業技術基盤強化税制では特別試験研究費の額を控除した試験研究費の額を計算の基礎としますが、上乗せ措置を検討する場合には、特別試験研究費の額を含めて判定します。

$$\text{増減試験研究費割合} = \frac{5{,}962{,}700\text{円}\ (=44{,}962{,}700\text{円} - 39{,}000{,}000\text{円})}{39{,}000{,}000\text{円}^{(※)}}$$

$$= 0.15288974\cdots > 9.4\ \%$$

（※）比較試験研究費の額＝(40,000,000円＋42,000,000円＋35,000,000円)
÷3事業年度＝39,000,000円

そして、この場合における税額控除割合は、次のとおりとなります。

$$\text{税額控除割合} = \frac{12}{100} + \left[0.15288974\cdots - \frac{9.4}{100} \right] \times 0.35 = 0.14061141\cdots$$

②　試験研究費割合による上乗せ措置

中小企業技術基盤強化税制においては、上記①と併用して試験研究費割合が10％を超える場合には、試験研究費割合による上乗せ措置を適用することもできます。

試験研究費割合は、2 **事例2**の計算式のとおり、過去3事業年度と当期の売上金額の合計の平均額（平均売上金額）に対する当期の試験研究費の額の割合となります。「2　過年度の状況」から具体的に当てはめてみると、次のとおり試験研究費割合は10％以下となるため、本設例では、試験研究費割合による上乗せ措置を適用することができません。

なお、この場合の当期の試験研究費の額も、①と同様に、特別試験研究費の額を含めた金額となります。

$$\text{試験研究費割合} = \frac{44{,}962{,}700\text{円}}{9{,}325{,}000{,}000\text{円}^{(※)}} = 0.00482173\cdots \leqq 10\,\%$$

（※）平均売上金額＝(9,700,000,000円＋8,900,000,000円＋9,200,000,000円＋9,500,000,000円)÷4（事業年度）＝9,325,000,000円

③　D社の税額控除割合

D社の税額控除割合については、②のとおり試験研究費割合による上乗せ措置を適用することができませんが、①の増減試験研究費割合による上乗せ措置が適用できるため、当期の税額控除割合は、①にあるとおり、「0.140」（小数点以下3位未満切捨）となります。

(2)　中小企業者等控除上限額の計算

中小企業技術基盤強化税制における中小企業者等控除上限額は、恒久措置として調整前法人税額の25％相当額となります。

なお、上記（1）税額控除割合と同様に、時限措置（令和5年3月31日までに開始する事業年度）として、一定の要件に該当する場合には、以下のとおり、それぞれ上乗せ措置を検討することができます。

①　増減試験研究費割合による上乗せ措置

上記（1）①の計算結果のとおり、増減試験研究費割合が9.4％を超えるため、中小企業者等控除上限額においても増減試験研究費割合による上乗せ措置が適用できます。この上乗せ措置による割合は一律10％となっているため、D社の中小企業者等控除上限額は、恒久措置（25％）に上乗せ措置（10％）を加算した、調整前法人税額の35％相当額となります。

②　試験研究費割合による上乗せ措置

①の増減試験研究費割合による上乗せ措置が適用できるため、そもそも試験研究費割合による上乗せ措置については、その適用の可否を検討する必要はありませんが、上記（1）②の計算結果からも、試験研究費割合が10％以下となるため、本設例では、試験研究費割合による上乗せ措置の適用はないこととします。

③　コロナ特例による上乗せ措置

控除上限額の上乗せ措置の1つでもあるコロナ特例による上乗せ措置は、新型コロナウイルス感染症の影響を受け、令和2年2月1日前に最後に終了した事業年度（基準年度）の売上金額と当期の売上金額とを比較して2％以上減少しているにもかかわらず試験研究費の額が増加した場合に適用することができます。

本設例では、例えば×1年3月期を基準年度とした場合、当時の売上金額と比べると当期の売上金額が増加しているため、本設例ではこの特例による上乗せ措置の適用はないこととします。

(3) オープンイノベーション型による税額控除

試験研究費の額のうちに特別試験研究費の額が含まれている場合、その特別試験研究費の額については中小企業技術基盤強化税制による試験研究費の額と区分してオープンイノベーション型による税額控除を適用することができます。また、控除上限額についても中小企業者等控除上限額とは別枠で、調整前法人税額の10％相当額が設けられています。

特別試験研究費は、その支出する特別試験研究費の相手先に応じ税額控除割合が異なります。本設例のように大学等との共同試験研究については、その目的（期待される成果等）や内容（研究テーマ等）、役割分担、実施期間等を記載した契約や協定に基づいて実施され、特別試験研究費の額については専門的な知識や経験を有する者による監査を受ける必要があります。これらの要件を満たしている場合には、その税額控除割合は30％となります。

なお、本設例のような特別試験研究機関等（国の試験研究機関、大学、その他これらに準ずる者）以外の相手先であってもオープンイノベーション型を適用することができる場合には、特別試験研究費の額に対し25％又は20％の税額控除割合による特別控除を受けることができるため、オープンイノベーション型による特別控除は中小企業技術基盤強化税制（控除割合の上限17％）よりも有利になるといえます。

4　適用のための手続き

D社が中小企業技術基盤強化税制を適用するためには、当期の法人税の申告において「中小企業者等の試験研究費に係る法人税額の特別控除に関する明細書」（別表六（九））を添付する必要があります。

また、本設例では、過年度の試験研究費の額や売上金額から算定される比較試験研究費の額や平均売上金額を計算するため、「試験研究を行った場合の法人税額の特別控除における比較試験研究費の額及び平均売上金額の計算に関する明細書」（別表六（十））の添付が必要となります。

さらに、本設例ではオープンイノベーション型の適用を受けるため、「特別試験研究費に係る法人税額の特別控除に関する明細書」（別表六（十二））とともに、特別試験研究費の額に対する監査報告書や大学等からその費用が共同試験研究に要したものであることの確認を受けた確認報告書の写しを添付する必要があります。

それぞれの別表の記載内容については後掲のとおりとなりますが、本設例では別表六（十二）の各欄の記載方法を確認していきます。

まず、別表六（十二）の上段にある「特定税額控除規定の適用可否」欄についてですが、D社は中小企業者に該当するため、印字のとおり「可」となります。この欄は、特に大法人に対する「継続雇用者給与等支給額」要件と「国内設備投資額」要件についての確認項目になります。

次に、「1」欄への記載の前に、まずは「12」欄～「16」欄において特別試験研究費の額の明細を記載しておきます。「12」欄はその特別試験研究費がそれぞれ租税特別措置法42条の4第7項の何号に該当するかを選択します。本設例の場合、特別試験研究機関等との共同研究に該当するため、ここは「第1号」を選択します。「13」欄には特別試験研究の内容を記載しますが、契約や協定等で締結された研究テーマ等に従い記載していきます。「14」欄は特別試験研究費の額を記載しますが、共同試験研究に係る試験研究費のうちD社が負担した部分のうち大学等により確認を受けた金額として「5,000,000」円を記載します。「15」欄又は「16」欄には、「14」欄の各特別試験研究費の額のうち、租税特別措置法42条の4第7項第1号又は第2号の別に、それぞれその金額を記載します。本設例では、その特別試験研究費の額が第1号のものに該当するため、「15」欄に「5,000,000」円を記載します。

これらを受け、「1」欄には特別試験研究費の額を記載しますが、ここは租税特別措置法42条の4第7項各号の別を問わず、これらの合計額を記載します。本設例の場合は「5,000,000」円となります。

「2」欄は「1」欄の特別試験研究費の額のうち、中小企業技術基盤強化税制又は一般型において特別試験研究費の額の一部をそれぞれの試験研究費の額に算入した場合にその金額を記載します。例えば、特別試験研究費の額が調整前法人税額の10％相当額を超えるようなケースで、その切り捨てられる部分をオープンイノベーション型以外の各税制において算入する場合などが想定されるでしょう。本設例においては特別試験研究費の額の全額をオープンイノベーション型に適用することができるため（後掲「6」欄＜「8」欄）、ここは「0」円となります。

「3」欄は、オープンイノベーション型を適用する特別試験研究費の額を記載します。つまり、「1」欄－「2」欄＝「5,000,000」円となります。

「4」欄は、「3」欄の特別試験研究費の額のうち、特別試験研究機関等に係る特別試験研究費の額（税額控除割合30％）を記載し、「5」欄は、国立研究開発法人などの特別研究機関等に係る特別試験研究費の額（税額控除割合25％）を記載します。

「6」欄では、各号の特別試験研究費の額に応じそれぞれの税額控除割合を乗じて、控除上限額の制約を受ける前の特別控除額を算定します。本設例の場合は、「4」欄×30％＝「1,500,000」円となります。

「7」欄は調整前法人税額を記載します。本設例の場合、「98,500,000」円となります。

「8」欄では控除上限額を計算しますが、「7」欄×10％＝「9,850,000」円となります。

「9」欄は「6」欄＜「8」欄となるため、「1,500,000」円と記載します。なお、ここで、「6」欄＞「8」欄となる場合には、「6」欄＝「8」欄となるようにオープンイノベーション型を適用する場合の特別試験研究費の額を計算し、これを超える部分は中小企業技術基盤強化税制の試験研究費の額に算入することができます。

「10」欄は、ここでは「0」になるものとし（詳細は1 **事例1**「20」欄参照）、「11」欄＝「9」欄－「10」欄＝「1,500,000」円となります。

中小企業者等の試験研究費に係る法人税額の特別控除に関する明細書

事業年度	×3．4．1 ×4．3．31	法人名	株式会社D

区分	項目	番号	金額（円）
	試験研究費の額	1	44,962,700
控除対象試験研究費の額の計算	同上のうち特別試験研究費以外の額	2	39,962,700
控除対象試験研究費の額の計算	(1)のうち中小企業者等の試験研究費に係る税額控除の対象とする特別試験研究費の額	3	0
控除対象試験研究費の額の計算	控除対象試験研究費の額 (2)＋(3)	4	39,962,700
増減試験研究費割合の計算	比較試験研究費の額 (別表六(十)「5」)	5	39,000,000
増減試験研究費割合の計算	増減試験研究費の額 (1)－(5)	6	5,962,700
増減試験研究費割合の計算	増減試験研究費割合 $\frac{(6)}{(5)}$	7	0.15288974…
試験研究費割合の計算	平均売上金額 (別表六(十)「10」)	8	9,325,000,000円
試験研究費割合の計算	試験研究費割合 $\frac{(1)}{(8)}$	9	0.00482173…
税額控除割合の計算	割増前税額控除割合 $\frac{12}{100}$＋((7)－$\frac{\text{~~8又は~~9.4}}{100}$)×(~~0.3又は~~0.35) (0.12未満の場合、(5)＝0の場合又は設立事業年度の場合は0.12)	10	0.14061141…
税額控除割合の計算	(9)＞10％の場合の控除割増率 ((9)－$\frac{10}{100}$)×0.5 (0.1を超える場合は0.1)	11	
税額控除割合の計算	税額控除割合 (10)＋(10)×(11) (小数点以下3位未満切捨て) (0.17を超える場合は0.17)	12	0.140

区分	項目	番号	金額（円）
	中小企業者等税額控除限度額 (4)×((12)又は0.12)	13	5,594,778
	調整前法人税額 (別表一「2」又は別表一の三「2」若しくは「14」)	14	98,500,000
当期税額基準額の計算（令和5年3月31日以前に開始する事業年度の場合）	(7)＞8％又は(7)＞9.4％の場合	15	0.35
当期税額基準額の計算（令和5年3月31日以前に開始する事業年度の場合）	(9)＞10％の場合の特例加算割合 ((9)－$\frac{10}{100}$)×2 (小数点以下3位未満切捨て) (0.1を超える場合は0.1)	16	
当期税額基準額の計算（令和5年3月31日以前に開始する事業年度の場合）	基準年度比売上金額減少割合≧2％の場合の特例加算割合 (別表六(十一)「11」)	17	
当期税額基準額の計算	当期税額基準額 (14)×(((15)、(0.25＋(16))又は0.25)＋(17))	18	34,475,000円
	当期税額控除可能額 ((13)と(18)のうち少ない金額)	19	5,594,778
	調整前法人税額超過構成額 (別表六(六)「7の②」)	20	0
	法人税額の特別控除額 (19)－(20)	21	5,594,778

別表六(九)　令三・四・一以後終了事業年度分

試験研究を行った場合の法人税額の特別控除における比較試験研究費の額及び平均売上金額の計算に関する明細書

事業年度	×3・4・1 ×4・3・31	法人名	株式会社D

別表六(十) 令三・四・一以後終了事業年度分

比較試験研究費の額の計算

	事業年度又は連結事業年度	試験研究費の額	当期の月数 / (1)の事業年度又は連結事業年度の月数	改定試験研究費の額 (2)×(3)
	1	2	3	4
調整対象年度	・　・ ・　・	円	――	円
	・　・ ・　・		――	
	・　・ ・　・		――	
	×0・4・1 ×1・3・31	35,000,000	12/12	35,000,000
	×1・4・1 ×2・3・31	42,000,000	12/12	42,000,000
	×2・4・1 ×3・3・31	40,000,000	12/12	40,000,000
計				117,000,000
比較試験研究費の額 (4の計)÷(調整対象年度数)			5	39,000,000 円

平均売上金額の計算

	事業年度又は連結事業年度	売上金額	当期の月数 / (6)の事業年度又は連結事業年度の月数	改定売上金額 (7)×(8)
	6	7	8	9
売上調整年度	・　・ ・　・	円	――	円
	・　・ ・　・		――	
	・　・ ・　・		――	
	×0・4・1 ×1・3・31	9,200,000,000	12/12	9,200,000,000
	×1・4・1 ×2・3・31	8,900,000,000	12/12	8,900,000,000
	×2・4・1 ×3・3・31	9,700,000,000	12/12	9,700,000,000
当期				9,500,000,000
計				37,300,000,000
平均売上金額 (9の計)÷(1＋売上調整年度数)			10	9,325,000,000 円

特別試験研究費に係る法人税額の特別控除に関する明細書

事業年度	×3．4．1 ×4・3・31	法人名	株式会社D

別表六(十二)　令三・四・一以後終了事業年度分

特定税額控除規定の適用可否 (別表六(七)「3」、「7」若しくは「10」の要件のいずれかに該当する場合又は中小企業者若しくは農業協同組合等である場合)					可
特別試験研究費の額 (14の計)	1	5,000,000円	調整前法人税額 (別表一「2」又は別表一の三「2」若しくは「14」)	7	98,500,000円
控除対象済特別試験研究費の額 (別表六(八)「3」)又は(別表六(九)「3」)	2	0	当期税額基準額 $(7) \times \frac{10}{100}$	8	9,850,000
差引対象特別試験研究費の額 (1)−(2)	3	5,000,000			
同上のうち税額控除割合が30%である試験研究に係る特別試験研究費の額 ((3)と(15)のうち少ない金額)	4	5,000,000	当期税額控除可能額 ((6)と(8)のうち少ない金額)	9	1,500,000
(3)のうち税額控除割合が25%である試験研究に係る特別試験研究費の額 (((3)−(4))と(16)のうち少ない金額)	5		調整前法人税額超過構成額 (別表六(六)「7の③」)	10	0
特別研究税額控除限度額 $(4) \times \frac{30}{100} + (5) \times \frac{25}{100} + ((3)-(4)-(5)) \times \frac{20}{100}$	6	1,500,000	法人税額の特別控除額 (9)−(10)	11	1,500,000

特別試験研究費の額の明細

措法第42条の4第7項各号の該当号	特別試験研究の内容	特別試験研究費の額
12	13	14
(第1号)・第2号・第3号	人工改変地の地盤の脆弱性の評価システム開発	5,000,000円
第1号・第2号・第3号		
第1号・第2号・第3号		
第1号・第2号・第3号		
第1号・第2号・第3号		
計		

(14の計)のうち(12)が第1号である試験研究に係る特別試験研究費の額	15	5,000,000
(14の計)のうち(12)が第2号である試験研究に係る特別試験研究費の額	16	

5 事例5 サービス開発に係る試験研究費(製造業)

株式会社E(以下、「E社」といいます)は、一般消費者用マスクを製造する、資本金20,000千円、5月決算の青色申告法人で、中小企業者等に該当します。

これまでも、通気性に優れた抗菌効果をもつ微粒子用マスクの開発に取り組んできましたが、当期(×4年5月期)はマスクとの関連が深い大気中の微小粒子状物質の飛散予測のアプリケーションを開発し、無料での情報提供を開始する予定です。

アプリケーションの制作に当たっては、ドローンを使い花粉やPM2.5などの分散量の自動計測を行うとともに、気温や気象条件などさまざまな状況に応じた飛散データを収集したうえで専門家による情報解析を行います。そして、これらをもとに、大気中に浮遊する微小粒子状物質の種類や予測情報を他社からの広告料を原資に無料配信するサービスとなっています。

アプリケーションの制作において、情報の収集やその分析については、E社内では専門的な知識を持つ従業員等がいないため外部に委託しています。また、アプリケーションの制作と同時進行で前期に引き続き本業の抗ウイルスマスクの研究開発を続けており、過年度においてもマスクの研究開発に対しては中小企業技術基盤強化税制の適用を受けています。

E社の当期におけるサービス開発に係る試験研究のために要する費用や過年度の状況などは次のとおりですが、ここ数年、新型コロナウイルス感染症の拡大に伴い、マスクに係る研究開発のための費用が増大しています。

1　研究開発等に係る費用の概要

・　抗ウイルスマスクの開発に向け、当期の製品の製造等に係る試験研究のために要した費用は、原材料費、研究開発室の研究員の人件費、経費等を合わせ23,500,000円になりました。これらは全額、研究開発税制の試験研究費の額に該当します。

・　アプリケーションの開発に係る費用として外部に支払った委託費用のうち、受託先によって管理されたE社負担の原材料費、人件費（いわゆる情報解析専門家に係るもの）、経費に相当するものは6,000,000円となっています。

2　過年度の状況

	試験研究費の額	売上金額
×3年5月期（前期）	38,000,000	300,000,000
×2年5月期（前々期）	35,000,000	280,000,000
×1年5月期（前前々期）	8,000,000	130,000,000

3　当期の状況

・　売上金額……………………………………230,000,000円

・　調整前法人税額（別表一「2」の金額）……3,200,000円

サービス開発に係る試験研究のために要する費用に対し研究開発税制を適用する場合でも、製品の製造等に係る試験研究に係る場合と申告手続きは変わらないと思いますが、いかがでしょうか。

1　研究開発税制への適合の可否

研究開発税制が適用される試験研究のうち、製品の製造等に係る試験研究費は自然科学に係るものに限られますが、E社が行っているマスクに係る製品開発は「流体工学」の一分野といえ、その活動は自然科学に係る試験研究に該当するといえるでしょう。

また、E社が行うアプリケーションの開発については、対価を得て提供する新たな役務の開発に係る試験研究といえます。なお、この場合の「新たな役務」とは、その法人においてこれまで提供していないサービスを意味しており、これまで存在しなかったサービスである必要はありません。また、アプリケーションの利用者か

ら直接利用料を受領しない場合であっても、アプリケーション内に表示される広告による収入を目的としているのであれば、これらの役務は「対価を得て提供する」ことになります。

よって、E社が行う製品開発は、製品の製造等に係る試験研究のうち新製品の製造に係る試験研究に該当し、また、アプリケーションの開発は、サービス開発に係る試験研究に該当するといえるため、これらに要する費用は、研究開発税制における試験研究費に該当するものと考えられます。

なお、研究開発税制を適用するに当たっては、両者の試験研究を区分して申告する必要はありません。

2　試験研究費の額の計算

E社において、当期の製品の製造等に係る試験研究のために要する費用及びサービス開発に係る試験研究のために要する費用として試験研究費に含むことができる費用の額は、次のとおりです。

なお、本設例では便宜上、これらの試験研究費の額を以下のとおり簡便的に計算します。

(1) 製品の製造等のために要する試験研究費の額

製品の製造等のために要する試験研究費として、原材料費、人件費及び経費等の合計は、本設例のとおり、23,500,000円となります。

製品の製造等のために要する試験研究費＝23,500,000円

(2) サービス開発のために要する試験研究費の額

E社でのサービス開発のために要する費用は、他の者に委託をして試験研究を行う場合の、その試験研究のために委託を受けた者に対して支払う委託費用になります。この場合、試験研究費の額に含まれる部分は、原材料費や人件費（ここは情報解析専門家に係るものに限られます)、経費となります。本設例のとおり、委託先では自社で行う場合と同等の費用区分での管理が行われていますので、E社が負担

すべきこれらの費用が試験研究費となります。

外部に委託して支払う一定の費用＝6,000,000 円

(3) 当期における試験研究費の額

上記より、当期の試験研究費の額は、次のとおりとなります。

(1)＋(2)＝29,500,000 円

3 法人税の額から控除される金額の計算

E 社は、本設例のとおり、中小企業者等に該当するため、研究開発税制を適用する場合、中小企業技術基盤強化税制を適用することができます。

また、E 社では、過年度においても研究開発税制を適用していたため、税額控除割合と中小企業者等控除上限額については上乗せ措置が検討できます。

(1) 税額控除割合の計算

中小企業技術基盤強化税制における税額控除割合は、恒久措置においては一律12 %となります。また、時限措置（令和 5 年 3 月 31 日までに開始する事業年度）として、一定の要件に該当する場合には、①増減試験研究費割合による上乗せ措置と②試験研究費割合による上乗せ措置を適用することができます。

① 増減試験研究費割合による上乗せ措置

中小企業技術基盤強化税制では、増減試験研究費割合が 9.4 %を超える場合、税額控除割合について上乗せ措置を適用することができます。

増減試験研究費割合は、2 **事例 2** の計算式のとおり、増減試験研究費に対する比較試験研究費の額の割合となりますが、E 社ではここ数年試験研究費の額が増えているものの、当期は前期よりも減少しているため、増減試験研究費割合も減少している可能性があります。

「2 過年度の状況」から具体的に当てはめてみると、次のとおり比較試験研究費

の額に対しては増加していますが、その割合が9.4％以下となるため、増減試験研究費割合による上乗せ措置を適用することはできません。

$$\text{増減試験研究費割合}=\frac{2{,}500{,}000\text{円}\ (=29{,}500{,}000\text{円}-27{,}000{,}000\text{円})}{27{,}000{,}000\text{円}^{(※)}}$$

$$=0.09259259\cdots\leqq 9.4\ \%$$

（※）比較試験研究費の額＝(38,000,000円＋35,000,000円＋8,000,000円)÷3事業年度
＝27,000,000円

②　試験研究費割合による上乗せ措置

中小企業技術基盤強化税制では、試験研究費割合が10％を超える場合、試験研究費割合による上乗せ措置を適用することもできます。

試験研究費割合は、2 **事例2**の計算式のとおり、過去3事業年度と当期の売上金額の合計の平均額（平均売上金額）に対する当期の試験研究費の額の割合となります。「2　過年度の状況」から具体的に当てはめてみると、次のとおり試験研究費割合は10％を超えるため、本設例では、①の増減試験研究費割合による上乗せ措置が適用できなくても、試験研究費割合による上乗せ措置を適用することができます。

$$\text{試験研究費割合}=\frac{29{,}500{,}000\text{円}}{235{,}000{,}000\text{円}^{(※)}}=0.12553191\cdots>10\ \%$$

（※）平均売上金額＝(300,000,000円＋280,000,000円＋130,000,000円＋230,000,000円)
÷4事業年度＝235,000,000円

この試験研究費割合をもとに、恒久措置となる税額控除割合12％に上乗せすることができる控除割増率を算定すると、次のとおりとなります。

$$\text{控除割増率}=\left[0.12553191\cdots-\frac{10}{100}\right]\times 0.5=0.01276595\cdots$$

③　E 社の税額控除割合

E 社の税額控除割合については、①のとおり増減試験研究費割合による上乗せ措置を適用することができませんが、②の試験研究費割合による上乗せ措置が適用できます。この場合の本設例における税額控除割合は、次のとおり「0.121」（小数点以下 3 位未満切捨）となります。

$$\text{税額控除割合} = \frac{12}{100} + \frac{12}{100} \times \text{控除割増率}(0.01276595\cdots) = 0.121$$

(2) 中小企業者等控除上限額の計算

中小企業技術基盤強化税制における中小企業者等控除上限額（以下、「控除上限額」といいます）は、恒久措置として調整前法人税額の 25 %相当額となります。

なお、上記 (1) と同様に、時限措置（令和 5 年 3 月 31 日までに開始する事業年度）として、一定の要件に該当する場合には、以下のとおり、それぞれ上乗せ措置を検討することができます。

①　増減試験研究費割合による上乗せ措置

上記 (1) ①の計算結果のとおり、増減試験研究費割合は 9.4 %以下となるため中小企業者等控除上限額においても増減試験研究費割合による上乗せ措置を適用することができません。

②　試験研究費割合による上乗せ措置

①より、増減試験研究費割合による上乗せ措置は適用できませんが、上記 (1) ②の計算結果のとおり、試験研究費割合による上乗せ措置を適用することができます。この場合において、恒久措置に上乗せすることができる特例加算割合は次のとおり計算しますが、小数点以下 3 位未満は切り捨てます。

$$\text{特例加算割合} = \left[0.12553191\cdots - \frac{10}{100} \right] \times 2 = 0.051$$

③　コロナ特例による上乗せ措置

控除上限額の上乗せ措置の１つでもあるコロナ特例による上乗せ措置は、新型コロナウイルス感染症の影響を受け、令和２年２月１日前に最後に終了した事業年度（基準年度）の売上金額と当期の売上金額とを比較して２％以上減少しているにもかかわらず試験研究費の額が増加している場合に適用することができます。

なお、本設例では、×1年５月期を基準年度とした場合、当期の売上金額が基準年度の売上金額を上回っているため、本設例では、コロナ特例による上乗せ措置の適用はないこととします。

④　E社の中小企業者等控除上限額

②より、当期においてE社が中小企業技術基盤強化税制を適用する場合の控除上限額は、恒久措置による控除上限額（25％）に、試験研究費割合による上乗せ措置（5.1％）を加算した割合となります。

よって、E社の当期における控除上限額は、調整前法人税額の30.1％相当額ということになります。

4　適用のための手続き

E社が中小企業技術基盤強化税制を適用するためには、当期の法人税の申告において「中小企業者等の試験研究費に係る法人税額の特別控除に関する明細書」（別表六（九））を添付する必要があります。

また、本設例では、過年度の試験研究費の額や売上金額から算定される比較試験研究費の額や平均売上金額を計算するため、「試験研究を行った場合の法人税額の特別控除における比較試験研究費の額及び平均売上金額の計算に関する明細書」（別表六（十））の添付が必要となります。

なお、本設例では、特別控除額については控除上限額による制限があります。恒久措置だけの適用の場合には800,000円（＝調整前法人税額3,200,000円×25％）が控除限度額となりますが、試験研究費割合による上乗せ措置の適用により控除限度額は963,200円（後掲別表六（九）「18」欄）となり、特別控除額は163,200円増加することになります。

中小企業者等の試験研究費に係る法人税額の特別控除に関する明細書

事業年度	×3．6．1 ×4．5．31	法人名	株式会社E

別表六(九)　令三・四・一以後終了事業年度分

	試験研究費の額	1	円 29,500,000
控除対象試験研究費の額の計算	同上のうち特別試験研究費以外の額	2	29,500,000
	(1)のうち中小企業者等の試験研究費に係る税額控除の対象とする特別試験研究費の額	3	0
	控除対象試験研究費の額 (2)＋(3)	4	29,500,000
増減試験研究費割合の計算	比較試験研究費の額 (別表六(十)「5」)	5	27,000,000
	増減試験研究費の額 (1)－(5)	6	2,500,000
	増減試験研究費割合 $\frac{(6)}{(5)}$	7	0.09259259…
試験研究費割合の計算	平均売上金額 (別表六(十)「10」)	8	円 235,000,000
	試験研究費割合 $\frac{(1)}{(8)}$	9	0.12553191…
税額控除割合の計算	割増前税額控除割合 $\frac{12}{100}+((7)-\frac{8又は9.4}{100})\times(0.3又は0.35)$ (0.12未満の場合、(5)＝0の場合又は設立事業年度の場合は0.12)	10	0.12
	(9)＞10％の場合の控除割増率 $((9)-\frac{10}{100})\times0.5$ (0.1を超える場合は0.1)	11	0.01276595…
	税額控除割合 (10)＋(10)×(11) (小数点以下3位未満切捨て) (0.17を超える場合は0.17)	12	0.121
	中小企業者等税額控除限度額 (4)×((12)又は0.12)	13	円 3,569,500
	調整前法人税額 (別表一「2」又は別表一の三「2」若しくは「14」)	14	3,200,000
当期税額基準額の計算（令和5年3月31日以前に開始する事業年度の場合）	(7)＞8％又は(7)＞9.4％の場合	15	0.35
	(9)＞10％の場合の特例加算割合 $((9)-\frac{10}{100})\times2$ (小数点以下3位未満切捨て) (0.1を超える場合は0.1)	16	0.051
	基準年度比売上金額減少割合≧2％の場合の特例加算割合 (別表六(十一)「11」)	17	
当期税額基準額の計算	当期税額基準額 (14)×(((15)、(0.25＋(16))又は0.25)＋(17))	18	円 963,200
	当期税額控除可能額 ((13)と(18)のうち少ない金額)	19	963,200
	調整前法人税額超過構成額 (別表六(六)「7の②」)	20	
	法人税額の特別控除額 (19)－(20)	21	963,200

別表六(十) 令三・四・一以後終了事業年度分

試験研究を行った場合の法人税額の特別控除における比較試験研究費の額及び平均売上金額の計算に関する明細書

事業年度	×3・6・1 ×4・5・31	法人名	株式会社E

比較試験研究費の額の計算

	事業年度又は連結事業年度	試験研究費の額	当期の月数 / (1)の事業年度又は連結事業年度の月数	改定試験研究費の額 (2)×(3)
	1	2	3	4
調整対象年度	・　・ ・　・	円	――	円
調整対象年度	・　・ ・　・		――	
調整対象年度	・　・ ・　・		――	
調整対象年度	×0・6・1 ×1・5・31	8,000,000	12/12	8,000,000
調整対象年度	×1・6・1 ×2・5・31	35,000,000	12/12	35,000,000
調整対象年度	×2・6・1 ×3・5・31	38,000,000	12/12	38,000,000
計				81,000,000
比較試験研究費の額 (4の計)÷(調整対象年度数)			5	27,000,000 円

平均売上金額の計算

	事業年度又は連結事業年度	売上金額	当期の月数 / (6)の事業年度又は連結事業年度の月数	改定売上金額 (7)×(8)
	6	7	8	9
売上調整年度	・　・ ・　・	円	――	円
売上調整年度	・　・ ・　・		――	
売上調整年度	・　・ ・　・		――	
売上調整年度	×0・6・1 ×1・5・31	130,000,000	12/12	130,000,000
売上調整年度	×1・6・1 ×2・5・31	280,000,000	12/12	280,000,000
売上調整年度	×2・6・1 ×3・5・31	300,000,000	12/12	300,000,000
当期				230,000,000
計				940,000,000
平均売上金額 (9の計)÷(1＋売上調整年度数)			10	235,000,000 円

6 事例６ 自社利用ソフトウエアに係る試験研究費（貨物運送業）

株式会社Ｆ（以下、「Ｆ社」といいます）は、一般貨物自動車運送業を営む、資本金10,000千円、３月決算の青色申告法人で、中小企業者等に該当します。

Ｆ社は、ある大手メーカーの製品の運送をメインに、複数の物流センターにおいてこれらの製品の入出荷から保管、在庫管理、棚卸業務までを請け負っています。また、本社に設置したシステム開発部では、物流現場における業務改善のための作業の効率化のほか、誤配送や配送遅延の防止など、品質改善に向けて倉庫管理システムの構築を進めています。

Ｆ社では、これまで各拠点における在庫情報を一括管理するためのシステム開発を行ってきましたが、当期（×１年３月期）は、各拠点における出荷作業の進捗管理と、その進捗状況をそれぞれの拠点で同時に把握できるシステム開発に取り組んでいます。

システム開発に当たっては、従来、システム開発部の人件費を会計上、税務上ともにソフトウエアとして資産計上し、耐用年数を５年として減価償却を実施してきました。なお、システム開発部ではソフトウエアの開発を進めながら、同時に社内の既存システムの保守や軽微な改良も行っていますが、それぞれ役割分担が徹底されており、開発するシステムごとに担当者が専属的にソフトウエアの制作に従事しています。

なお、Ｆ社における当期のシステム開発に係る内容は、次のとおりになりました。

１　研究開発等に係る費用の概要

・　給与手当の中には、システム開発部の人件費が12,000,000円含まれていますが、そのうち、当期のソフトウエアの完成に従事していた従業員に係る人件費のうち専属的に従事していた部分を集計すると3,000,000円となりました。また、来期完成予定のソフトウエアの開発に従事していた者に係る人件費のうち、これに専属的に従事していた部分が1,000,000円あります。なお、各開発において、担当者が専属的に従事していた期間は、それぞれ半年又は2か月です。

・　業務委託費の中には、当期のシステム開発に伴い外部に委託した費用が1,500,000円含まれています。

・　経費については、共通経費として試験研究費の額に含めることができる部分もあるかもしれませんが、システム開発部における業務の全てがシステム開発に係るものではなく、むしろ共通経費に関しては既存のソフトウエアの保守等に係る部分が中心となるため、これまでも資産計上はしていません。

2. 当期の状況

・　調整前法人税額（別表一「2」の金額）……3,000,000円

令和3年度税制改正により、自社利用ソフトウエアについても中小企業技術基盤強化税制が適用できるようになったということですが、当社のような場合にも適用は可能なのでしょうか。また、これまで自社開発のソフトウエアに対しては「中小企業者等が機械等を取得した場合の特別償却又は税額控除」（以下、「中小企業投資促進税制」といいます）のうち税額控除を適用してきましたが、これまでどおり適用することはできるのでしょうか。

1　研究開発税制への適合の可否

自社利用ソフトウエアの開発に係る費用については、製品の製造等に係る試験研究のために要する費用として研究開発税制上の試験研究費の要件を満たす場合には、令和3年度税制改正によって、試験研究費に含めることが認められるようになりました。

自社利用ソフトウエアの開発に係る費用は、税務上では資産計上することになりますが、これらを試験研究費として研究開発税制を適用する場合には損金経理する

ことが求められています。よって、Ｆ社では、当期から自社利用ソフトウエアにつき研究開発税制の適用を受ける場合には、その試験研究費に該当する部分については、会計上「研究開発費」などに振り替えて費用処理する必要があるでしょう。

なお、研究開発税制が適用される試験研究のうち、製品の製造等に係る試験研究費は自然科学に係るものに限られますが、Ｆ社が行うソフトウエア開発はソフトウエア工学として「情報工学」の一分野になるといえ、その活動は自然科学に係る試験研究に該当するといえます。

2　試験研究費の額の計算

自社利用ソフトウエアの開発に係る費用のうち、製品の製造等に係る試験研究のために要する費用は試験研究費に含まれますが、本設例において、当期のＦ社の試験研究費となる部分は次のとおりです。

(1)　人件費

従来まで、Ｆ社ではシステム開発部の人件費のうち、ソフトウエアの開発に係るものは、税務上の原則的な処理に従い、会計上も資産計上していました。これら資産計上とすべき人件費の範囲については令和３年度税制改正によって変わることはありませんが、これらのうち特に研究開発税制が適用される試験研究費に係る人件費については、専門的知識をもって当該試験研究の業務に専ら従事する者に係るものに限られ、その範囲はより限定的になるものと考えられます。

Ｆ社では、システム開発部として研究開発の専門部署を設けており、また、自社利用のソフトウエアの開発においては、担当者が専属的に従事することになっています。つまり、その担当者のソフトウエア開発に専属的に従事した人件費の部分（3,000,000円）は研究開発税制の試験研究費の額に含まれるものと考えられるため、この部分を会計上において「研究開発費」などの勘定科目で費用処理します。

なお、当期未完成となったソフトウエアに係る人件費部分（1,000,000円）についてですが、研究開発税制が適用される試験研究費の範囲にはいわゆる仮勘定も含むこととされているため、この部分についても会計上「研究開発費」として費用処理します。

よって、Ｆ社の当期の試験研究費の額に含まれる人件費の額は、次のとおり計算されます。

人件費＝3,000,000円＋1,000,000円＝4,000,000円

(2) 経費

経費のうち、業務委託費（1,500,000円）については、ソフトウエアの開発に直接要した費用であるため、研究開発税制における試験研究費に該当します。税務上においては、本来、資産計上されるべきものではありますが、上記の人件費と同様に、研究開発税制を適用すべく、会計上は「研究開発費」などの勘定科目で費用処理します。

また、共通経費については、ソフトウエアに含めるべき部分がないものとして、本設例では試験研究費には含めません。

よって、Ｆ社の当期の試験研究費の額に含まれる経費の額は、次のとおりです。

経費＝1,500,000円

(3) 当期における試験研究費の額

上記より、当期の試験研究費の額は、次のとおりとなります。

(1)＋(2)＝5,500,000円

3　法人税の額から控除される金額の計算

Ｆ社は、本設例のとおり、中小企業者等に該当するため、研究開発税制を適用する場合には「中小企業技術基盤強化税制」を適用することができます。

本設例では、1 **事例1**と同様に、これまで中小企業技術基盤強化税制の適用がないため、税額控除割合と中小企業者等控除上限額は、それぞれ恒久措置のみの割合となり、上乗せ措置の適用はありません。Ｆ社における当期の税額控除割合と中小企業者等控除上限額の具体的な算定については、1 **事例1**を参照してください。

なお、Ｆ社ではこれまでも自社利用ソフトウエアについては人件費部分等を資産計上してきたため、過年度の自社利用ソフトウエアに係る試験研究費の額に相当する部分の算定は可能といえますが、令和３年税制改正によって見直された部分に係る遡求適用の検討は特段なされていません。

4　適用のための手続き

Ｆ社が中小企業技術基盤強化税制を適用するためには、当期の法人税の申告において「中小企業者等の試験研究費に係る法人税額の特別控除に関する明細書」（別表六（九））を添付する必要があります。

本設例の内容に沿った別表六（九）は後掲のとおりとなりますが、具体的な記載方法については**1** **事例１**を参照してください。

なお、試験研究費の額に含まれる人件費及び経費については、上記のとおり税務上においては資産計上が原則となります。しかし、研究開発税制を適用するうえでは損金経理が要件となっているため、会計上では「研究開発費」などの勘定科目で費用処理がなされています。

そのため、税務上においては、償却超過額が認識されることになり、別表調整が必要となります。例えば、今期完成したソフトウエアについては、まず取得価額4,500,000円（3,000,000円＋1,500,000円）が加算留保され、これが当期において事業の用に供されているのであれば、これに応じて償却部分を減算留保し、来期以降も順次償却部分を認容していきます。また、今期未完成のソフトウエアについては仮勘定として当期の事業の用には供されていないため、これを全額加算留保して来期以降認容していくことになるでしょう。

また、Ｆ社では、自社利用ソフトウエアについて、これまで一の取得価額が70万円以上のものは中小企業投資促進税制を適用しています。しかし、令和３年度税制改正により、研究開発税制と租税特別措置法上の特別償却又は特別税額控除に関する制度は、それぞれ選択適用とされました（第４章**1** **(6)** 参照）。

この点、研究開発税制と特別償却又は特別税額控除に関する制度の併用ができないのは、あくまでも特別償却として損金経理した部分を試験研究費に含めている場合であって、Ｆ社のように税額控除を選択している場合や、たとえ完成後のソフトウエアに対し特別償却制度を適用したとしても、その特別償却の部分を試験研究費に含めていない場合には、完成したソフトウエアに対し中小企業投資促進税制を適用することは可能であると考えられます。

なお、中小企業投資促進税制では、開発研究の用に供されるソフトウエアは適用対象資産から除外されていますが、F社において当期完成した自社利用ソフトウエアは、事業の用に供される段階においては業務改善を目的としたものになるため、除外要件には該当しないものと考えます。

中小企業者等の試験研究費に係る法人税額の特別控除に関する明細書

事業年度	×0．4．1 ×1．3．31	法人名	株式会社F

別表六(九)　令三・四・一以後終了事業年度分

区分	項目	番号	金額（円）
	試験研究費の額	1	5,500,000
控除対象試験研究費の額の計算	同上のうち特別試験研究費以外の額	2	5,500,000
	(1)のうち中小企業者等の試験研究費に係る税額控除の対象とする特別試験研究費の額	3	0
	控除対象試験研究費の額 (2)＋(3)	4	5,500,000
増減試験研究費割合の計算	比較試験研究費の額 (別表六(十)「5」)	5	
	増減試験研究費の額 (1)－(5)	6	
	増減試験研究費割合 $\frac{(6)}{(5)}$	7	
試験研究費割合の計算	平均売上金額 (別表六(十)「10」)	8	円
	試験研究費割合 $\frac{(1)}{(8)}$	9	
税額控除割合の計算	割増前税額控除割合 $\frac{12}{100}+((7)-\frac{8又は9.4}{100})\times(0.3又は0.35)$ (0.12未満の場合、(5)＝0の場合又は設立事業年度の場合は0.12)	10	
	(9)＞10％の場合の控除割増率 $((9)-\frac{10}{100})\times0.5$ (0.1を超える場合は0.1)	11	
	税額控除割合 (10)＋(10)×(11) (小数点以下3位未満切捨て) (0.17を超える場合は0.17)	12	

区分		項目	番号	金額（円）
		中小企業者等税額控除限度額 (4)×((12)又は0.12)	13	660,000
		調整前法人税額 (別表一「2」又は別表一の三「2」若しくは「14」)	14	3,000,000
当期税額基準額の計算	令和5年3月31日以前に開始する事業年度の場合	(7)＞8％又は(7)＞9.4％の場合	15	0.35
		(9)＞10％の場合の特例加算割合 $((9)-\frac{10}{100})\times2$ (小数点以下3位未満切捨て) (0.1を超える場合は0.1)	16	
		基準年度比売上金額減少割合≧2％の場合の特例加算割合 (別表六(十一)「11」)	17	
		当期税額基準額 (14)×(((15)、(0.25＋(16))又は0.25)＋(17))	18	円 750,000
		当期税額控除可能額 ((13)と(18)のうち少ない金額)	19	660,000
		調整前法人税額超過構成額 (別表六(六)「7の②」)	20	0
		法人税額の特別控除額 (19)－(20)	21	660,000

7 中小企業技術基盤強化税制と特別償却制度の選択（建設業）

G 株式会社（以下、「G 社」といいます）は、冷暖房設備や空気調和衛生設備、給排気ダクトなどの管工事を営む、資本金100,000 千円、3 月決算の青色申告法人で、中小企業者等に該当します。

G 社では、施工に当たって使用する配管等の金属材料について、腐食トラブル防止のためにもさまざまな使用環境下における耐食性の研究にも力を入れています。腐食試験ではこれまで縮小モデル実験を実施してきましたが、当期（×4 年 3 月期）は、より精度の高い試験を行うため、研究開発を専門的に行う開発部に新たに恒温恒湿試験機を導入しました。

なお、G 社における当期の開発部における研究開発のための費用は次のとおりとなっています。

1　研究開発等に係る費用の概要

- 材料費には、G 社で配管の材料として使用されることの多い亜鉛めっき鋼やステンレス鋼、炭素鋼などのテスト用の配管材料が 10,000,000 円含まれています。
- 労務費には、開発部に所属している 2 名の研究員に係る給与手当 15,000,000 円が含まれており、それ以外に資材整理や清掃等を行う補助者としてパート従業員の給与手当が 1,000,000 円含まれています。なお、研究員はそれぞれ理工学の専門的な知識を有しています。
- 経費については、開発部における諸経費として部門別に集計した修繕料や電力料、通信費、旅費交通費など、合計で 2,500,000 円が計上されています。
- 開発部の減価償却費には、従来から使用している研究開発のための機械装置や実験室として施設した内部造作に係るものとして 18,000,000 円が含まれています。なお、本設例のとおり、当期は新たに恒温恒湿試験機を導入しています。当該設備は機械装置（取得価額12,000,000円、200％定率法、耐用年数6年（償却率0.333））に該当しており、稼働は当期の8月ですが、これには中小企業投資促進税制を適用して損金経理による特別償却を実施することを予定しています。

2　過年度の状況

G社の当期以前3事業年度の試験研究費の額及び売上金額の状況は以下のとおりとなっています。

	試験研究費の額	売上金額
×3年3月期（前期）	42,500,000	3,850,000,000
×2年3月期（前々期）	43,000,000	4,000,000,000
×1年3月期（前前々期）	40,500,000	3,700,000,000

3　当期の状況

・　調整前法人税額（別表一「2」の金額）……19,500,000円

・　当期の売上金額……………………………3,950,000,000円

なお、当期は令和3年4月1日以後に開始する事業年度になります。

当社は当期に試験研究用資産として機械装置を導入しました。機械装置に対しては1台の取得価額が160万円以上であれば中小企業投資促進税制を適用することができると思いますが（措法42の6）、研究開発税制と併用することはできるのでしょうか。

1　研究開発税制への適合の可否

研究開発税制が適用される試験研究のうち、製品の製造等に係る試験研究は自然科学に係るものに限られます。G社の研究は「材料工学」などとして理工学分野の1つといえ、その活動は自然科学に係る試験研究に該当するといえるでしょう。

よって、G社の研究開発は、製品の製造等に係る試験研究のうち新製品の製造に

係る試験研究に該当し、これらのために要する費用は、研究開発税制における試験研究費に該当するものと考えられます。

なお、減価償却費のうち損金経理によって処理された特別償却に係る部分については、試験研究費に含めることはできますが、その場合には、令和３年４月１日以後開始の事業年度から中小企業投資促進税制を重複して適用することはできません。

2　試験研究費の額の計算

試験研究を行うために要する原材料費や人件費、外注費を含む諸経費は、製品の製造等に係る試験研究のために要する費用として試験研究費に含めることができます。

本設例において、当期のＧ社の試験研究費は次のとおりです。

(1) 原材料費

本設例より、配管の材料として使用されることの多い亜鉛めっき鋼やステンレス鋼、炭素鋼など、テスト用の材料費（10,000,000円）は、製品の製造等に係る試験研究のために直接要する費用として試験研究費に該当します。

よって、G社の当期の試験研究費の額に含まれる材料費の額は、次のとおりです。

材料費＝10,000,000円

(2) 人件費

本設例のとおり、労務費のうち、研究員２名の給与手当（15,000,000円）は、研究開発を行う開発部に専属している専門的な知識を有する者に係る人件費に該当することから、いわゆる「専ら」要件をクリアしていることが明らかであるため、試験研究費に含めることができます。

これに対し、開発部に所属している者であっても、パート従業員として主に清掃等を行う補助者については専門的知識を有しているわけではないため、その給与手当（1,000,000円）は試験研究費に含めることはできません。

よって、G社の当期の試験研究費の額に含まれる人件費の額は、次のとおりです。

人件費＝15,000,000円

(3) 経費

本設例では、経費については、開発部における諸経費として修繕料や電力料、通信費、旅費交通費など部門別に経費を集計しているため、その金額（2,500,000円）は試験研究費の額に含まれることになります。

よって、G社の当期の試験研究費の額に含まれる経費の額は、次のとおりです。

経費＝2,500,000円

(4) 減価償却費

試験研究費に含めることができる減価償却費は、試験研究用資産の減価償却費とされています。

本設例の場合、まず、従来から所有している試験研究用資産に係る減価償却費（18,000,000円）は、試験研究費に含まれます。

次に、当期に取得した恒温恒湿試験機についてですが、8月に事業供用されているため、普通償却限度額は、以下のとおり月割り計算（8か月）となり、この部分については試験研究費に含まれることになります。

$$12{,}000{,}000\text{円} \times 0.333 \times \frac{8\text{月}}{12\text{月}} = 2{,}664{,}000\text{円}$$

また、この設備は機械装置に該当し、その取得価額は1台当たり160万円以上であるため、中小企業投資促進税制による特別償却を適用することができます。特別償却部分についても損金経理している場合にはこれを試験研究費に含めることができますが、令和3年度税制改正によって、中小企業投資促進税制を適用して特別償却した部分を試験研究費に含めた場合には、重複して中小企業投資促進税制を適用することができなくなりました。

なお、中小企業投資促進税制による特別償却を適用した場合の償却額は、

12,000,000円×30％＝3,6000,000円となります。

G社の当期の試験研究費の額に含まれる減価償却費の額は、当期に取得した恒温恒湿試験機について特別償却部分を含めないときは、次のとおり計算されます。

減価償却費＝18,000,000円＋2,664,000円＝20,664,000円

また、当期取得の恒温恒湿試験機について特別償却部分を含める場合には、次のとおり計算されます。

減価償却費＝18,000,000円＋2,664,000円＋3,600,000円＝24,264,000円

(5) 当期における試験研究費の額

上記より、当期の試験研究費の額は、次のとおりとなります。

(1)＋(2)＋(3)＋(4)＝48,164,000円　(特別償却を含めない場合)

又は、

(1)＋(2)＋(3)＋(4)＝51,764,000円　(特別償却を含める場合)

3　法人税の額から控除される金額の計算

G社は、本設例のとおり、中小企業者等に該当するため、研究開発税制を適用する場合には「中小企業技術基盤強化税制」を適用することができます。

本設例においては、これまでも研究開発税制の適用を受けているため、税額控除割合と中小企業者等控除上限額について上乗せ措置を適用する余地があります。

そこで、G社が中小企業技術基盤強化税制を適用するに当たり、税額控除割合と中小企業者等控除上限額の上乗せ措置の適用について、それぞれ検討してみます。

(1) 税額控除割合の計算

中小企業技術基盤強化税制における税額控除割合は、恒久措置として一律12％となりますが、時限措置（令和5年3月31日までに開始する事業年度）として、一定の要件に該当する場合には、①増減試験研究費割合による上乗せ措置や②試験研究費割合による上乗せ措置を適用することができます。なお、①と②の上乗せ措置は併用することができます。

① 増減試験研究費割合による上乗せ措置

中小企業技術基盤強化税制では、増減試験研究費割合が9.4％を超える場合、税額控除割合について上乗せ措置を適用することができます。

増減試験研究費割合は、2 **事例2**の計算式のとおり、増減試験研究費に対する比較試験研究費の額の割合となりますが、「2　過年度の状況」から具体的に当てはめてみると、次のとおり、特別償却の部分を試験研究費に含めなかった場合も含めた場合も、ともに9.4％を超えるため、増減試験研究費割合による上乗せ措置を適用することができます。

$$\text{増減試験研究費割合}=\frac{6{,}164{,}000\text{円}\ (=48{,}164{,}000\text{円}-42{,}000{,}000\text{円})}{42{,}000{,}000\text{円}^{(※)}}$$

$$=0.14676190\cdots>9.4\ \%$$

（※）比較試験研究費の額＝(42,500,000円＋43,000,000円＋40,500,000円)
÷3事業年度＝42,000,000円

又は、

$$\text{増減試験研究費割合}=\frac{9{,}764{,}000\text{円}\ (=51{,}764{,}000\text{円}-42{,}000{,}000\text{円})}{42{,}000{,}000\text{円}^{(※)}}$$

$$=0.23247619\cdots>9.4\ \%$$

そして、これをもとに増減試験研究費割合による上乗せ措置適用後の税額控除割合を算定すると、それぞれ次のとおりとなり、恒久措置の12％よりも税額控除割合が増加します。

$$税額控除割合 = \frac{12}{100} + \left[0.14676190\cdots - \frac{9.4}{100} \right] \times 0.35 = 0.13846666\cdots$$

又は、

$$税額控除割合 = \frac{12}{100} + \left[0.23247619\cdots - \frac{9.4}{100} \right] \times 0.35 = 0.16846666\cdots$$

②　試験研究費割合による上乗せ措置

また、中小企業技術基盤強化税制では、試験研究費割合が10％を超える場合、①に加え試験研究費割合による上乗せ措置を適用することもできます。

試験研究費割合は、2 **事例2**の計算式のとおり、過去3事業年度と当期の売上金額の合計の平均額（平均売上金額）に対する当期の試験研究費の額の割合となり、①と同様に、「2　過年度の状況」から具体的に当てはめてみると、次のとおり、特別償却の部分を含めなかった場合も含めた場合も、ともに試験研究費割合は10％以下となるため、本設例では、試験研究費割合による上乗せ措置を適用することができません。

$$試験研究費割合 = \frac{48{,}164{,}000円}{3{,}875{,}000{,}000円} = 0.01242941\cdots \leqq 10\%$$

又は、

$$試験研究費割合 = \frac{51{,}764{,}000円}{3{,}875{,}000{,}000円} = 0.01335845\cdots \leqq 10\%$$

③　G社の税額控除割合

G社の税額控除割合については、②のとおり試験研究費割合による上乗せ措置を適用することができませんが、①の増減試験研究費割合による上乗せ措置が適用できるため、当期の税額控除割合は、中小企業者等控除上限額によっては、①にあるとおり、「0.138」又は「0.168」（小数点以下３位未満切捨）のいずれかを選択することができます。

(2) 中小企業者等控除上限額の計算

中小企業技術基盤強化税制における中小企業者等控除上限額（以下、「控除上限額」といいます）は、恒久措置として調整前法人税額の25％相当額となります。

なお、上記（1）と同様に、時限措置（令和５年３月31日までに開始する事業年度）として、一定の要件に該当する場合には、以下のとおり、それぞれ上乗せ措置を検討します。

①　増減試験研究費割合による上乗せ措置

上記（1）①の計算結果のとおり、特別償却の部分を試験研究費に含めなかった場合も含めた場合も増減試験研究費割合が9.4％を超えるため、控除上限額においても増減試験研究費割合による上乗せ措置が適用できます。この上乗せ措置による割合は一律10％となっているため、G社の控除上限額は恒久措置（25％）にこれをあわせた調整前法人税額の35％相当額となります。

②　試験研究費割合による上乗せ措置

①の増減試験研究費割合による上乗せ措置が適用できるため、そもそも試験研究費割合による上乗せ措置につき、その適用の可否を検討する必要はありませんが、上記（1）②の計算結果からも、試験研究費割合が10％以下となるため、試験研究費割合による上乗せ措置の適用はありません。

③　コロナ特例による上乗せ措置

控除上限額の上乗せ措置の１つでもあるコロナ特例による上乗せ措置は、新型コロナウイルス感染症の影響を受け、令和２年２月１日前に最後に終了した事業年度（基準年度）の売上金額と当期の売上金額とを比較して２％以上減少しているにもかかわらず試験研究費の額が増加した場合に適用することができます。

本設例では、例えば×1年3月期を基準年度とした場合、当時の売上金額と比べると当期の売上金額が増加しているため、本設例ではこの特例による上乗せ措置の適用はないこととします。

④　G社の中小企業者等控除上限額

①～③より、当期においてG社が中小企業技術基盤強化税制を適用する場合の控除上限額は、恒久措置による控除上限額に増加試験研究費割合による上乗せ措置を適用した割合となります。

よって、G社の当期の控除上限額は、調整前法人税額の35％相当額ということになります。

4　適用のための手続き

G社が中小企業技術基盤強化税制を適用するためには、当期の法人税の申告において「中小企業者等の試験研究費に係る法人税額の特別控除に関する明細書」（別表六（九））を添付する必要があります。

また、本設例では、過年度の試験研究費の額や売上金額から算定される比較試験研究費の額や平均売上金額を計算するため、「試験研究を行った場合の法人税額の特別控除における比較試験研究費の額及び平均売上金額の計算に関する明細書」（別表六（十））もあわせて添付します。

本設例の内容に沿った別表六（九）と別表六（十）は後掲のとおりとなりますが、具体的な記載方法については1 **事例1**、2 **事例2**を参照してください。

さらに、中小企業投資促進税制による特別償却を認識する場合には、「中小企業者等又は中小連結法人が取得した機械等の特別償却の償却限度額の計算に関する付表」（特別償却の付表（二））の添付も必要になります。

(1) 特別償却との選択の検討

G社は、当期に取得した恒温恒湿試験機について中小企業投資促進税制による特別償却との適用を検討しています。

G社が当期に中小企業技術基盤強化税制を適用する場合、G社の当期の控除上限額は次のとおり、調整前法人税額の35％相当額となります。

19,500,000円×35％＝6,825,000円

G社が当期に取得した恒温恒湿試験機に対する特別償却を含めた場合の試験研究費の額は、上記2（5）のとおり51,764,000円となりますが、これに対応した税額控除割合「0.168」を乗じると、中小企業者等税額控除限度額（以下「税額控除限度額」といいます）は8,696,352円となり控除上限額を超過することになります。

これに対し、恒温恒湿試験機に対する特別償却を含めない場合の試験研究費の額は、上記2（5）のとおり48,164,000円となり、これに対応した税額控除割合「0.138」を乗じると、税額控除限度額は6,646,632円となり控除上限額の範囲内となります。

令和3年度税制改正によって、研究開発税制と中小企業投資促進税制は重複して適用することができないこととなったため、本事例の場合にはこれらを区分して適用することがそれぞれの優遇税制を十分に活用することになるでしょう。

つまり、当期の法人税の額に着目すれば、研究開発税制においては6,646,632円の税額控除と、中小企業投資促進税制の特別償却による減税の効果として835,200円（＝12,000,000円×30％（特別償却率）×23.2％（法人税率））の恩恵を受けることができます。

(2) 特別償却を試験研究費に含める場合

ところで、特別償却の部分を試験研究費の額に含めた場合についてですが、この部分は研究開発税制と中小企業投資促進税制の重複適用ができないため、損金経理される部分は申告調整（加算留保）が必要になります。なお、このケースであっても試験研究費の額に含まれる特別償却の部分に対しては、申告上、特別償却の付表（二）の添付が必要といえるでしょう。

また、本設例では、特別償却を含めない場合の税額控除限度額（6,642,632円）と控除上限額（6,825,000円）が近似しているため、当期の法人税の額に着目すれば研究開発税制と中小企業投資促進税制とを別々に適用することが有利との判断をしていますが、特別償却を試験研究費の額に含めた場合に申告調整される部分は、当期において研究開発税制の適用を受けたうえで、以降は償却超過として将来の事業年

度に認容されていくことから、税額控除限度額が控除上限額を超えないケースにおいては、特別償却の部分を試験研究費の額に含めた方が有利になるといえるでしょう。

中小企業者等の試験研究費に係る法人税額の特別控除に関する明細書

事業年度	×3．4．1 ×4・3・31	法人名	G株式会社

別表六(九) 令三・四・一以後終了事業年度分

	試験研究費の額	1	円 48,164,000
控除対象試験研究費の額の計算	同上のうち特別試験研究費以外の額	2	48,164,000
控除対象試験研究費の額の計算	(1)のうち中小企業者等の試験研究費に係る税額控除の対象とする特別試験研究費の額	3	0
控除対象試験研究費の額の計算	控除対象試験研究費の額 (2)＋(3)	4	48,164,000
増減試験研究費割合の計算	比較試験研究費の額 (別表六(十)「5」)	5	42,000,000
増減試験研究費割合の計算	増減試験研究費の額 (1)－(5)	6	6,164,000
増減試験研究費割合の計算	増減試験研究費割合 (6)/(5)	7	0.14676190…
試験研究費割合の計算	平均売上金額 (別表六(十)「10」)	8	円 3,875,000,000
試験研究費割合の計算	試験研究費割合 (1)/(8)	9	0.01242941…
税額控除割合の計算	割増前税額控除割合 12/100＋((7)－~~8又は~~9.4/100)×(~~0.3又は~~0.35) (0.12未満の場合、(5)＝0の場合又は設立事業年度の場合は0.12)	10	0.13846666…
税額控除割合の計算	(9)＞10％の場合の控除割増率 ((9)－10/100)×0.5 (0.1を超える場合は0.1)	11	
税額控除割合の計算	税額控除割合 (10)＋(10)×(11) (小数点以下3位未満切捨て) (0.17を超える場合は0.17)	12	0.138

	中小企業者等税額控除限度額 (4)×((12)又は0.12)	13	円 6,646,632
	調整前法人税額 (別表一「2」又は別表一の三「2」若しくは「14」)	14	19,500,000
当期税額基準額の計算（令和5年3月31日以前に開始する事業年度の場合）	(7)＞8％又は(7)＞9.4％の場合	15	0.35
当期税額基準額の計算（令和5年3月31日以前に開始する事業年度の場合）	(9)＞10％の場合の特例加算割合 ((9)－10/100)×2 (小数点以下3位未満切捨て) (0.1を超える場合は0.1)	16	
当期税額基準額の計算（令和5年3月31日以前に開始する事業年度の場合）	基準年度比売上金額減少割合≧2％の場合の特例加算割合 (別表六(十一)「11」)	17	
当期税額基準額の計算	当期税額基準額 (14)×(((15)、(0.25＋(16))又は0.25)＋(17))	18	円 6,825,000
	当期税額控除可能額 ((13)と(18)のうち少ない金額)	19	6,646,632
	調整前法人税額超過構成額 (別表六(六)「7の②」)	20	
	法人税額の特別控除額 (19)－(20)	21	6,646,632

試験研究を行った場合の法人税額の特別控除における比較試験研究費の額及び平均売上金額の計算に関する明細書

事業年度	×3・4・1 ×4・3・31	法人名	G株式会社

別表六(十)　令三・四・一以後終了事業年度分

比較試験研究費の額の計算

事業年度又は連結事業年度		試験研究費の額	当期の月数 / (1)の事業年度又は連結事業年度の月数	改定試験研究費の額 (2)×(3)
1		2	3	4
調整対象年度	・　・	円	―――	円
	・　・		―――	
	・　・		―――	
	×0・4・1 ×1・3・31	40,500,000	12/12	40,500,000
	×1・4・1 ×2・3・31	43,000,000	12/12	43,000,000
	×2・4・1 ×3・3・31	42,500,000	12/12	42,500,000
計				126,000,000
比較試験研究費の額 (4の計)÷(調整対象年度数)			5	42,000,000 円

平均売上金額の計算

事業年度又は連結事業年度		売上金額	当期の月数 / (6)の事業年度又は連結事業年度の月数	改定売上金額 (7)×(8)
6		7	8	9
売上調整年度	・　・	円	―――	円
	・　・		―――	
	・　・		―――	
	×0・4・1 ×1・3・31	3,700,000,000	12/12	3,700,000,000
	×1・4・1 ×2・3・31	4,000,000,000	12/12	4,000,000,000
	×2・4・1 ×3・3・31	3,850,000,000	12/12	3,850,000,000
当期				3,950,000,000
計				15,500,000,000
平均売上金額 (9の計)÷(1＋売上調整年度数)			10	3,875,000,000 円

8 中小企業技術基盤強化税制と国庫補助金等（製造業）

株式会社Ｈ（以下、「Ｈ社」といいます）は、二次電池製品を主軸に蓄電池などの製造を営む、資本金80,000千円、３月決算の青色申告法人で、中小企業者等に該当します。

Ｈ社では、脱炭素社会への貢献が期待されるリチウムイオン電池の高性能化を目指し、特に近年は自社開発に力を入れていますが、その研究活動に必要な充放電検査装置について本社が所在するＲ県独自の補助金制度を活用することにしました。補助金申請の結果、その装置の２分の１に相当する補助金の交付が決定し、当期これを取得し開発用に供しています。

Ｈ社ではこうした化学製品の開発に向け応用化学を専攻した従業員が所属する開発部門を専門部署として工場の一部に設け、常時研究開発を行っています。

なお、Ｈ社における当期（×4年３月期）の開発部門における研究開発のために要した費用は次のとおりとなっています。

1　研究開発等に係る費用の概要

- 材料費には、研究開発用のものが10,000,000円含まれており、そのほかにも他社の製品を研究する目的で購入したものが3,000,000円含まれています。
- 労務費には、開発部門に所属している従業員に係る給与手当が32,000,000円含まれています。
- 経費については、開発部門に係る間接経費として2,500,000円生じています。また、自社で充放電検査装置を取得するまでに充放電試験のために外注した費用として2,000,000円を計上しています。
- 減価償却費の中には、従来から研究開発の用に供している機械装置などに係るものとして5,000,000円が含まれています。また、当期に取得した充放電検査装置（取得価額 6,000,000 円、耐用年数 7 年、200 ％定率法、償却率 0.286）を当期の 10 月に取得していますが、これに対し R 県より補助金 3,000,000 円の交付を受け、当年度内に返還を要しないことが確定しています。なお、H 社はこの補助金に対しては、以下のような圧縮記帳を行い、充放電検査装置の取得価額を 3,000,000 円に引き下げています。

＜圧縮記帳による仕訳＞

（現預金） 3,000,000 ／ （補助金収入） 3,000,000

（圧縮損） 3,000,000 ／ （機械装置） 3,000,000

2　過年度の状況

H 社の当期以前 3 事業年度の試験研究費の額及び売上金額の状況は以下のとおりとなっています。

	試験研究費の額	売上金額
×3 年 3 月期（前期）	50,000,000	5,600,000,000
×2 年 3 月期（前々期）	48,000,000	5,900,000,000
×1 年 3 月期（前前々期）	47,500,000	6,000,000,000

3　当期の状況

・　調整前法人税額（別表一「2」の金額）……23,000,000 円

・　当期の売上金額……………………………6,200,000,000 円

当社では、当期に取得した充放電検査装置に対し補助金の交付を受け、取得した設備に圧縮記帳を適用しています。この場合、中小企業技術基盤強化税制における試験研究費の額はどのよう算定すればよいでしょうか。また、圧縮記帳を適用しなかった場合には、試験研究費の額に差は生じるのでしょうか。

1　研究開発税制への適合の可否

研究開発税制が適用される試験研究のうち、製品の製造等に係る試験研究は自然科学に係るものに限られます。H 社が近年力を入れているリチウムイオン電池の自

社開発は「応用化学」の一分野といえ、その活動は自然科学に係る試験研究といえるでしょう。

よって、H社の研究開発は、製品の製造等に係る試験研究のうち新製品の製造に係る試験研究に該当し、これらのために要する費用は、研究開発税制における試験研究費に該当するものと考えられます。

なお、試験研究費の額には他の者から支払を受ける金額を含めることはできません。R県からの補助金は、「国等からその試験研究費の額に係る費用に充てるため交付を受けた補助金」に該当するため、試験研究費の額に含めることはできません。この場合の手続きとしては、その設備に係る試験研究費の額以外の試験研究費の額に圧縮記帳に伴い圧縮損として損金算された3,000,000円を加算するとともに、交付を受けた国庫補助金等3,000,000円を控除することになります。つまり、圧縮記帳をしなかった場合には、損金算入する圧縮損が計上されないことから、試験研究費の額にこれを加算することなく国庫補助金等を控除する必要があるため、試験研究費の額は減少することになります。

2　試験研究費の額の計算

試験研究を行うために要する原材料費や人件費、外注費を含む諸経費は、製品の製造等に係る試験研究のために要する費用として試験研究費に含めることができます。

本設例における当期のH社の試験研究費の額は次のとおりとなります。

(1) 原材料費

本設例より、材料費に含まれている研究開発用のもの（10,000,000円）と、参考用として他社の製品の分解や改造などを目的として購入したもの（3,000,000円）は、製品の製造等に係る試験研究のために直接要する費用として試験研究費に該当します。

よって、H社の当期の試験研究費の額に含まれる材料費の額は、次のとおり計算されます。

材料費＝10,000,000円＋3,000,000円＝13,000,000円

(2) 人件費

本設例のとおり、H社の開発部門は製品の研究開発を目的に設置された専門部署であるため、当部門に所属する従業員は自社製品の試験研究に専属的に従事する者に該当します。

よって、H社の当期の試験研究費の額に含まれる人件費の額は、次のとおりです。

人件費＝32,000,000円

(3) 経費

試験研究費となる経費には、その製品の製造等に係る試験研究のために間接的に要する共通経費も含めることができます。

また、外注費についても経費の一部として、その製品の製造等に係る試験研究のために直接要する費用として試験研究費の額に含めます。

よって、H社の当期の試験研究費の額に含まれる経費の額は、次のとおり計算されます。

経費＝2,500,000円＋2,000,000円＝4,500,000円

(4) 減価償却費

試験研究費に含めることができる減価償却費は、試験研究用資産の減価償却費とされています。本設例の場合、まずは従来から所有している固定資産に対する減価償却費（5,000,000円）が試験研究費の額に含まれます。

次に、補助金によって取得した充放電検査装置の減価償却費についてですが、その計算は次のとおり圧縮記帳された後の取得価額を計算の基礎として算定します。

$$(6{,}000{,}000\text{円}-3{,}000{,}000\text{円})\times 0.286\times\frac{6\text{月}}{12\text{月}}=429{,}000\text{円}$$

よって、H社の当期の試験研究費の額に含まれる減価償却費の額は、次のとおり計算されます。

$$\text{減価償却費}=5{,}000{,}000\text{円}+429{,}000\text{円}=5{,}429{,}000\text{円}$$

なお、圧縮記帳を適用しなかった場合には、取得価額からは補助金等の額を控除せず、実際の取得価額を計算の基礎として減価償却を算定し、これを試験研究費の額に含めることになります。

(5) 当期における試験研究費の額

上記より、当期の試験研究費の額は、次のとおりとなります。

(1)＋(2)＋(3)＋(4)＋3,000,000円（圧縮損）－3,000,000円（国庫補助金等）
＝54,929,000円

3　法人税の額から控除される金額の計算

H社は、本設例のとおり、中小企業者等に該当するため、研究開発税制を適用する場合には「中小企業技術基盤強化税制」を適用することができます。

本設例においては、前期以前の試験研究費の額に比べ当期の試験研究費の額は増加しているため、税額控除割合と中小企業者等控除上限額については、恒久措置に加え上乗せ措置を適用する余地があるといえるでしょう。

(1) 税額控除割合の計算

中小企業技術基盤強化税制における税額控除割合は、恒久措置として一律12％となりますが、時限措置（令和5年3月31日までに開始する事業年度）として、一定の要件に該当する場合には、①増減試験研究費割合による上乗せ措置や②試験研究費割合による上乗せ措置を適用することができます。

①　増減試験研究費割合による上乗せ措置

中小企業技術基盤強化税制では、増減試験研究費割合が9.4％を超える場合、税額控除割合について上乗せ措置を適用することができます。

増減試験研究費割合は、2 **事例2**の計算式のとおり、増減試験研究費に対する比較試験研究費の額の割合となりますが、「2　過年度の状況」から具体的に当てはめてみると、次のとおり9.4％を超えるため、増減試験研究費割合による上乗せ措置を適用することができます。

$$\text{増減試験研究費割合}=\frac{6{,}429{,}000\text{円}\ (=54{,}929{,}000\text{円}-48{,}500{,}000\text{円})}{48{,}500{,}000\text{円}^{(※)}}$$

$$=0.13255670\cdots>9.4\ \%$$

（※）比較試験研究費の額＝(50,000,000円＋48,000,000円＋47,500,000円)
÷3事業年度＝48,500,000円

そして、これをもとに増減試験研究費割合による上乗せ措置適用後の税額控除割合を算定すると、次のとおり、恒久措置の12％よりも税額控除割合が増加します。

$$\text{税額控除割合}=\frac{12}{100}+\left[0.13255670\cdots-\frac{9.4}{100}\right]\times 0.35=0.13349484\cdots$$

②　試験研究費割合による上乗せ措置

また、中小企業技術基盤強化税制では、試験研究費割合が10％を超える場合、①に加え試験研究費割合による上乗せ措置を併用することができます。

試験研究費割合は、2 **事例2**の計算式のとおり、過去3事業年度と当期の売上金額の合計の平均額（平均売上金額）に対する当期の試験研究費の額の割合となりますが、①と同様に、「2　過年度の状況」から具体的に当てはめてみると、次のとおり試験研究費割合は10％以下となるため、本設例では、試験研究費割合による上乗せ措置を適用することができません。

$$試験研究費割合 = \frac{54{,}929{,}000円}{5{,}925{,}000{,}000円} = 0.00927071\cdots \leqq 10\%$$

③ H社の税額控除割合

H社の税額控除割合については、②のとおり試験研究費割合による上乗せ措置を適用することができませんが、①の増減試験研究費割合による上乗せ措置が適用できるため、当期の税額控除割合は、「0.133」（小数点以下3位未満切捨）となります。

(2) 中小企業者等控除上限額の計算

中小企業技術基盤強化税制における中小企業者等控除上限額（以下、「控除上限額」といいます）は、恒久措置として調整前法人税額の25％相当額となります。

なお、上記（1）と同様に、時限措置（令和5年3月31日までに開始する事業年度）として、一定の要件に該当する場合には、以下のとおり、それぞれ上乗せ措置を検討することができます。

① 増減試験研究費割合による上乗せ措置

上記（1）①の計算結果のとおり、増減試験研究費割合が9.4％を超えるため、中小企業者等控除上限額においても増減試験研究費割合による上乗せ措置が適用できます。この上乗せ措置による割合は一律10％となっているため、恒久措置（25％）と合わせ、H社の控除上限額は調整前法人税額の35％相当額となります。

② 試験研究費割合による上乗せ措置

①の増減試験研究費割合による上乗せ措置が適用できるため、そもそも試験研究費割合による上乗せ措置につき、その適用の可否を検討する必要はありませんが、上記（1）②の計算結果からも、試験研究費割合が10％以下となるため、試験研究費割合による上乗せ措置の適用はありません。

③ コロナ特例による上乗せ措置

控除上限額の上乗せ措置の1つでもあるコロナ特例による上乗せ措置は、新型コロナウイルス感染症の影響を受け、令和２年２月１日前に最後に終了した事業年度（基準年度）の売上金額と当期の売上金額とを比較して２％以上減少しているにもかかわらず試験研究費の額が増加した場合に適用することができます。

本設例では、例えば×１年３月期を基準年度とした場合、当時の売上金額と比べると当期の売上金額が増加しているため、本設例では、この特例による上乗せ措置の適用はないこととします。

④ Ｈ社の中小企業者等控除上限額

①～③より、当期においてＨ社が中小企業技術基盤強化税制を適用する場合の控除上限額は、恒久措置による控除上限額に増加試験研究費割合による上乗せ措置を適用した割合となります。

よって、Ｈ社の当期の控除上限額は、調整前法人税額の35％相当額ということになります。

4 適用のための手続き

Ｈ社が中小企業技術基盤強化税制を適用するためには、当期の法人税の申告において「中小企業者等の試験研究費に係る法人税額の特別控除に関する明細書」（別表六（九））を添付する必要があります。

また、本設例では、過年度の試験研究費の額や売上金額から算定される比較試験研究費の額や平均売上金額を計算するため、「試験研究を行った場合の法人税額の特別控除における比較試験研究費の額及び平均売上金額の計算に関する明細書」（別表六（十））もあわせて添付します。

本設例の内容に沿った別表六（九）と別表六（十）は後掲のとおりとなりますが、具体的な記載方法については[1] **事例1**、[2] **事例2**を参照してください。

また、本設例では当期に取得した設備等に対し圧縮記帳を適用しているため、「国庫補助金等、工事負担金及び賦課金で取得した固定資産等の圧縮額等の損金算入に関する明細書」（別表十三（一））の添付も必要となります。

中小企業者等の試験研究費に係る法人税額の特別控除に関する明細書

事業年度	×3．4．1 ×4．3．31	法人名	株式会社H

別表六(九)　令三・四・一以後終了事業年度分

	試験研究費の額	1	円 54,929,000
控除対象試験研究費の額の計算	同上のうち特別試験研究費以外の額	2	54,929,000
	(1)のうち中小企業者等の試験研究費に係る税額控除の対象とする特別試験研究費の額	3	0
	控除対象試験研究費の額 (2)＋(3)	4	54,929,000
増減試験研究費割合の計算	比較試験研究費の額 (別表六(十)「5」)	5	48,500,000
	増減試験研究費の額 (1)－(5)	6	6,429,000
	増減試験研究費割合 $\frac{(6)}{(5)}$	7	0.13255670…
試験研究費割合の計算	平均売上金額 (別表六(十)「10」)	8	円
	試験研究費割合 $\frac{(1)}{(8)}$	9	
税額控除割合の計算	割増前税額控除割合 $\frac{12}{100}+((7)-\frac{8\text{又は}9.4}{100})\times(0.3\text{又は}0.35)$ (0.12未満の場合、(5)＝0の場合又は設立事業年度の場合は0.12)	10	0.13349484…
	(9)＞10％の場合の控除割増率 $((9)-\frac{10}{100})\times 0.5$ (0.1を超える場合は0.1)	11	
	税額控除割合 (10)＋(10)×(11) (小数点以下3位未満切捨て) (0.17を超える場合は0.17)	12	0.133

		中小企業者等税額控除限度額 (4)×((12)又は0.12)	13	円 7,305,557
		調整前法人税額 (別表一「2」又は別表一の三「2」若しくは「14」)	14	23,000,000
当期税額基準額の計算	令和5年3月31日以前に開始する事業年度の場合	(7)＞8％又は(7)＞9.4％の場合	15	0.35
		(9)＞10％の場合の特例加算割合 $((9)-\frac{10}{100})\times 2$ (小数点以下3位未満切捨て) (0.1を超える場合は0.1)	16	
		基準年度比売上金額減少割合≧2％の場合の特例加算割合 (別表六(十一)「11」)	17	
		当期税額基準額 (14)×(((15)、(0.25＋(16))又は0.25)＋(17))	18	円 8,050,000
		当期税額控除可能額 ((13)と(18)のうち少ない金額)	19	7,305,557
		調整前法人税額超過構成額 (別表六(六)「7の②」)	20	
		法人税額の特別控除額 (19)－(20)	21	7,305,557

試験研究を行った場合の法人税額の特別控除における比較試験研究費の額及び平均売上金額の計算に関する明細書

事業年度	×3・4・1 ×4・3・31	法人名	株式会社H

別表六(十) 令三・四・一以後終了事業年度分

比較試験研究費の額の計算

	事業年度又は連結事業年度	試験研究費の額	当期の月数 / (1)の事業年度又は連結事業年度の月数	改定試験研究費の額 (2)×(3)
	1	2	3	4
調整対象年度	・　・	円	――	円
調整対象年度	・　・		――	
調整対象年度	・　・		――	
調整対象年度	×0・4・1 ×1・3・31	47,500,000	12/12	47,500,000
調整対象年度	×1・4・1 ×2・3・31	48,000,000	12/12	48,000,000
調整対象年度	×2・4・1 ×3・3・31	50,000,000	12/12	50,000,000
計				145,500,000
比較試験研究費の額 (4の計)÷(調整対象年度数)			5	48,500,000 円

平均売上金額の計算

	事業年度又は連結事業年度	売上金額	当期の月数 / (6)の事業年度又は連結事業年度の月数	改定売上金額 (7)×(8)
	6	7	8	9
売上調整年度	・　・	円	――	円
売上調整年度	・　・		――	
売上調整年度	・　・		――	
売上調整年度	×0・4・1 ×1・3・31	6,000,000,000	12/12	6,000,000,000
売上調整年度	×1・4・1 ×2・3・31	5,900,000,000	12/12	5,900,000,000
売上調整年度	×2・4・1 ×3・3・31	5,600,000,000	12/12	5,600,000,000
当期				6,200,000,000
計				23,700,000,000
平均売上金額 (9の計)÷(1＋売上調整年度数)			10	5,925,000,000 円

＜参考文献・資料＞

・　経済産業省　『2019　研究開発税制 Q&A』
・　経済産業省産業技術環境局　技術振興・大学連携推進課　『研究開発税制の概要と令和３年度税制改正について』
・　令和３年６月 25 日付課法 2-21 ほか１課共同「法人税基本通達等の一部改正について」（法令解釈通達）の趣旨説明
・　令和２年９月 30 日付課法 2-33 ほか２課共同「グループ通算制度に関する取扱通達の制定について」（法令解釈通達）の趣旨説明≪主要制定項目以外の項目≫
・　令和２年６月 30 日付課法 2-17 ほか１課共同「法人税基本通達等の一部改正について」（法令解釈通達）の趣旨説明
・　総務省統計局　『令和３年科学技術研究調査　調査票記入上の注意（企業 A・B 用）』
・　経済産業省　技術振興・大学連携推進課　『サービス開発にかかる Q&A』（令和元年７月）
・　経済産業省　技術振興・大学連携推進課　『特別試験研究費税額控除制度のよくあるご質問事項』（令和３年６月）
・　国税庁　『グループ通算制度の概要　令和２年４月』
・　日本公認会計士協会　『研究開発費及びソフトウェアの会計処理に関する実務指針』（最終改正　平成 26 年 11 月 28 日）
・　企業会計審議会　『研究開発費等に係る会計基準』（平成 10 年 10 月３日）
・　企業会計審議会　『原価計算基準の設定について』
・　武田昌輔編著　『DHC コンメンタール法人税法』（第一法規）
・　佐藤友一郎編著　『九訂版　法人税基本通達逐条解説』（税務研究会出版局）

【著者略歴】

田中　康雄（たなか　やすお）

税理士法人メディア・エス、社員税理士。
1973年滋賀県彦根市生まれ、1997年慶應義塾大学商学部卒業。
法人税、消費税を専門とし、上場企業から中小企業までの税務業務を担当。
「税経通信」等の税務専門誌にも多数執筆。

〈主要著書〉
『設備投資優遇税制の上手な使い方［第2版］』（税務経理協会）
『ケース別「事業承継」関連書式集』共著（日本実業出版）

税理士法人メディア・エス

本部（千葉県市川市）、東京事務所（東京都中央区）。
『起業～法人運営～事業承継～相続』まで各分野の専門家である公認会計士2名、税理士3名を含め25名が在籍。中小企業を最先端の技術と豊かな心で応援し、多角的な視野でサービスを提供。
その他、医療法人や公益法人、NPO法人、社会福祉法人などの非営利法人にも特化。

著者との契約により検印省略

令和４年３月１日　初版発行

中小企業の顧問税理士が知っておきたい

こんなに使える
試験研究費の税額控除

著　　者　田　中　康　雄
発 行 者　大　坪　克　行
印 刷 所　美研プリンティング株式会社
製 本 所　牧製本印刷株式会社

発 行 所　〒161-0033　東京都新宿区
下落合２丁目５番13号
株式会社　**税務経理協会**
振替　00190-2-187408
FAX（03）3565-3391
電話（03）3953-3301（編集部）
（03）3953-3325（営業部）
URL　http://www.zeikei.co.jp/
乱丁・落丁の場合は，お取替えいたします。

ISBN978-4-419-06845-5　C3034